親子のたいせつな思い出になる23のレシピ

おかしをつくろう

みらいパティシエ・著

momo・イラスト

はじめに

こんにちは！
このページを開いてくれて、ありがとう。

『おかしをつくろう』は、かわいいイラストがいっぱいの、絵本みたいな楽しい本。いろんなおかしを見ているだけでもワクワクしちゃうけど、おかしを実際に作ったら、もっともっと楽しくなるよ。

グミやホットケーキみたいにかんたんで、ひとりでもできちゃうレシピや、シュークリームやショートケーキみたいにチャレンジしてみたくなるレシピがたくさんのってるよ。あと、どうしてケーキがふわふわになるのかとか、シュークリームの中がどうして空っぽになるのか、いろんな「ひみつ」も見つかるかも。

まずは、ページをパラパラとめくってみて。そして「これ作ってみたい！」と思うおかしが見つかったら、お母さんやお父さんに教えてあげてね。ひとりで作れたらすごいけど、手伝ってもらいながら作るのもとっても楽しいよ。もちろん、お友だちと作るのもおすすめ。

読むだけでも楽しい、でも、作ってみたらもっと楽しい。
さあ、材料や道具を準備して、手をきれいに洗ったら、キッチンへレッツゴー！

お母さん、お父さん、保護者の方へ

　このたびは『おかしをつくろう』をお手に取っていただき、ありがとうございます。

　この本は、小さなお子さんから大人まで楽しめる、お菓子作りの入門書です。「みらいパティシエ」のメンバーが、それぞれの知識や経験を活かし、わかりやすく、そして家族で楽しめる内容に仕上げました。

　お菓子作りを通じてお子さんと過ごす時間は、作る楽しさを共有するだけではありません。一緒に考え、工夫し、時には失敗も経験しながら、「挑戦する心」「準備や段取りの大切さ」を学ぶ貴重な機会でもあります。また、レシピを通じて食材や科学への興味を育むきっかけにもなるはずです。

　忙しい毎日の中で、少しの時間でもお子さんとキッチンに立つことで、特別な思い出を作ってみませんか？この本が、皆さまの「家族の時間」の一助となれば幸いです。

執筆チーム「みらいパティシエ」一同

もくじ

はじめに …………………………………………… 2

もくじ ……………………………………………… 4

この本の使い方 ………………………………… 8

Chapter1　おかし作りの前に

おかし作りを成功させるための6ステップ ……………… 10

材料のはかり方 ……………………………… 12

オーブンの使い方 …………………………… 13

ガスコンロの使い方 ………………………… 13

常温に戻すってなに？ ……………………… 14

湯せんのやり方 ……………………………… 14

卵をわる。黄身と白身にわける ………………… 15

粉をふるう …………………………………… 15

泡だて器やゴムベラで混ぜる ………………… 16

ハンドミキサーで混ぜる …………………… 17

生クリームの泡だて方 ……………………… 18

メレンゲの泡だて方 ………………………… 19

Column 子供といっしょに作るときの関わり方 ………… 20

4

Chapter2　はじめてのおかし作り

はじめてのプリン ……………………………	22
ぷにぷにグミ …………………………………	26
キラキラゼリー ………………………………	28
ひんやりアイスクリーム ……………………	30
手作りジャム〈いちごジャム〉………………	32
〈オレンジのマーマーレード〉…	34
〈ミルクジャム〉…………………	35
フルーツサンド ………………………………	36
フレンチトースト ……………………………	38
まんまるホットケーキ ………………………	40
バナナのパウンドケーキ ……………………	44
かぼちゃのスコーン …………………………	46
Column　基本ができたらアレンジしてみよう ………	48

Chapter 3　みんなが大好きなおかし

はちみつ使いのマドレーヌ	50
マドレーヌ・シトロン	53
ふんわりカップケーキ	54
チョコレート風味のカップケーキ	57
うさぎのカップケーキ	58
ガトー・オ・ショコラ	62
型抜きクッキー	66
3色クッキー	69
2色の生地で作るうず巻きクッキー	70
2色の生地で作るマーブルクッキー	71
4色の生地で作るりんごクッキー	72
しぼりだしクッキー	74
しぼりだしクッキー〈ココア、抹茶のクッキー〉	77
Column　ホットケーキやシュー生地はなぜ膨らむ？	78

Madeleines

Gateau au Chocolat

Piped Cookies

Chapter4　プロみたいなケーキに挑戦

ストロベリーパフェ …………………………………… 80

ビクトリアケーキ …………………………………… 84

いちごのショートケーキ …………………………… 88

ベイクドチーズケーキ ……………………………… 94

レアチーズケーキ …………………………………… 98

シュークリーム ……………………………………… 102

ブッシュ・ド・ノエル ……………………………… 108

Column　子供に与えるおやつの工夫 ……………… 114

Chapter5　おかし作りの道具と材料

この本で使う基本の材料 …………………………… 116

この本でよく使う道具 ……………………………… 118

丸型・パウンド型にオーブンシートをしく ……… 121

しぼり出し袋と口金 ………………………………… 122

クリームのしぼり方 ………………………………… 123

クッキー生地のしぼり方 …………………………… 123

ケーキの切り方 ……………………………………… 124

ラッピングのアイデア ……………………………… 125

スタッフリスト ……………………………………… 126

奥付 …………………………………………………… 128

おとなといっしょによんでみよう！
この本の使い方

　この本の中心となる2〜4章では、おかし作りの工程を詳しく解説するための写真と文章に加え、以下のような要素を各ページに盛り込みました。これにより、初心者から経験者まで幅広く楽しめる内容になっています。

❶おかしの紹介
　おかしの名前とイラストとともに、各おかし自身が語る「自己紹介」を掲載しています。イラストは、この本のために人気イラストレーター・momoさんが描いてくれた特別なものです。自己紹介では、それぞれのおかしが「おいしさの秘密」「名前の由来」「アレンジのアイデア」など、自由にお話ししています。

❷時間と難しさ
　【時間】作り始めから完成までの所要時間（目安）を記載しています。粗熱を取る時間や冷蔵庫で休ませる時間も含まれているので、スケジュールに合わせて選んでみてください。「忙しい日」「時間をかけて楽しみたい日」、どのおかしを作るか選ぶ参考になります。

　【難しさ】おかし作りには、手先の器用さや、温湿度の影響による仕上がりの差など、独特の難しさがあります。この本では、難易度を★の数（5段階）で示し、★が多いほど難しいレシピです。おかし選びの目安として活用してください。

　★が多いレシピは、お子さんと一緒に楽しむ場合、工程を分けて担当するなど、みんなでチャレンジする方法を工夫してみましょう。

❸材料と道具
　それぞれのおかし作りに必要な材料や道具を、事前に確認できるようリストにまとめています。分量は重量を「g（グラム）」、長さを「cm（センチメートル）」、体積を「ml（ミリリットル）」または計量スプーン（例：大さじ1）で表示しています。また、電子レンジの温め時間は、600Wを基準に記載しています。

❹アドバイス
　作業をスムーズに進めるためのコツや、各工程に関する補足説明を「アドバイス」として掲載しています。たとえば、代用品の提案や工程ごとの注意点、なぜその作業が必要なのかなど、内容はさまざまです。お子さんが自分で挑戦するときやお手伝いをする際のポイントも記載しているので、ご家族で楽しむ際の参考にしてください。また、予熱やお湯の準備など、作り始める前にしておくべき準備についても触れています。

Chapter 1

おかし作りの前に

おいしく、じょうずに作るために
みんなに知ってほしいこと

おかし作りの前に

おかし作りを成功させる6ステップ

① 作りたいおかしは何？
どのおかしを作るかを決めましょう。この本を最初から最後まで読んで、どれを作りたいかじっくり考えてみてください。本はリビングでも移動中でも、どこでも読めます。「どんなおかしを作ろうかな？」と想像する時間も楽しいですよね。これだと思うものが見つかったら、お母さんやお父さんに教えましょう。

② レシピをしっかり読む
作ると決めたおかしのレシピを、最初から最後まで、しっかりと読みます。眺めるだけでなく、ひとつひとつの手順を確認し「どんなふうに進めるか？」をイメージしましょう。また、冷蔵庫やキッチンを見て、材料や道具がそろっているかも確認。お買い物もおかし作りの一部。ワクワクしながら進めてくださいね。

③ 手を洗い、服装を整える
キッチンで作業を始める前に清潔さを整えます。まず、手をしっかり洗います。指の間や爪の周りまできれいに。次に、髪の毛をゴムでまとめるなど、髪が材料に触れたり顔にかかったりしないようにしましょう。最後に、服が汚れるのを防ぐエプロンをつければ、いよいよ気分も「おかし作りモード」に切り替わります。

④ 材料と道具を確認する

材料や道具がそろっていないと、作業が止まってしまいます。必要なものをすべて確認しましょう。卵やバター、砂糖、小麦粉などの材料はもちろん、調味料やスパイスなどもきちんと揃えましょう。ボウルが足りなかったり、焼き型のサイズで合わなかったりすると、作業がスムーズに進みません。

⑤ 材料を正確にはかる

おかし作りで大事なのは「材料を正確にはかること」です。たとえば、小麦粉が多すぎると固い仕上がりになったり、バターが少なすぎるとパサパサになったりします。キッチンスケールを使ってグラム単位でしっかり計量したり、軽量スプーンや軽量カップを使って正確に分量をそろえることで、成功に近づきます。

⑥ 下準備をする

おかし作りの下準備にはいろいろな作業があります。オーブンの予熱、バターや卵を常温に戻しておく、焼き型にクッキングシートを敷いたり、バターを塗ったりしておく。このような下準備をしっかり行うことで作業がスムーズになります。材料の温度管理や手際のよい作業は、できあがりのおいしさにも影響します。

おかし作りの前に

材料のはかり方

スケールで重さをはかる
ボウルや容器を乗せたらスケールをゼロに設定してから測ります。1グラム単位で測れるデジタルスケールがおすすめ。

カップで量をはかる
平らな場所に置き、目の高さで目盛りを確認することがポイント。傾けてしまうと、正しい量を測ることができません。

スプーンで量をはかる
粉類を測る場合はカードなどで表面を平らに。山盛りの状態では正確になりません。計量スプーンは液体にも使えます。

大さじ1の液体
液体をそっと注ぎ、ふちまで満たします。ゆっくり注ぎ足し、表面張力で軽く盛り上がる程度がちょうどよい量です。

大さじ1の粉類
粉類を測る場合は、スプーンに材料をすくい入れ、山盛りになった分をカードや包丁の背を使って平らに整えます。

大さじ1/2の粉類
まず、大さじ1に整えてから量を調整します。余分を、ゆっくりと丁寧にきれいに取り除きましょう。

オーブンの使い方

1 ミトンを使う
思わぬやけどを防ぐため、ミトンは厚手で滑りにくい素材のものを選び、慎重に作業することを心がけましょう。

2 余熱とは？
予熱とは、オーブンをあらかじめ温めておくこと。生地が冷たいと加熱時間がずれ、きれいに焼くことができません。

3 焼き時間について
オーブンはひんぱんに開けないように。開けるたびに温度が下がり、焼きムラや仕上がりの不具合の原因になります。

ガスコンロの火力

1 強火
なべ底から炎が大きく広がる状態。素早く高温にしたいときに適しています。ただし、焦げ付きやすいので注意。

2 中火
炎がなべ底の外側に少し広がる程度の火力。熱を均等に伝えながら、じっくりと加熱する工程でよく使われます。

3 弱火
繊細な温度管理が求められる場面で役立ちます。時間がかかる反面、仕上がりがなめらかで失敗しにくいです。

おかし作りの前に

常温に戻すってなに？

冷蔵庫から出した卵は、室温で30分〜1時間ほど置き、冷たさが抜けるまで常温に戻します。冷えたまま使用すると、生地の温度差で分離しやすくなります。

バターは冷蔵庫から出して1時間ほど置き、柔らかくします。指で軽く押して跡が残るくらいが目安。冷たいバターは混ざりにくく、生地にムラが生じます。

とても大切なひと手間です

常温に戻すとは、材料を冷蔵庫から出して室温（約20〜25℃）になじませること。卵やバターが冷たいままだと、生地が分離したり混ざりにくくなります。特に冷たいバターは、混ざりにくさやムラの原因になります。また、冷たい卵を使うと、バターとの乳化がうまくいかず、生地が膨らまないことも。焼きムラが生じる場合もあるため、材料は必ず時間をかけて常温に戻し、均一に混ざりやすい状態にしておくことが大切です。

湯せんのやり方

1 フライパンに深さ3〜5cmほど水を入れ、火にかけて温めます。お湯は沸騰させず、湯気が立つ程度（約50〜60℃）にしておくのがポイントです。

2 耐熱ボウルに溶かしたい材料を入れ、フライパンのお湯につけます。ボウルの底がフライパンに触れないように、ボウルに水が入らないように注意しましょう。

3 湯せんにかけたボウル内の材料を、ヘラやゴムベラでゆっくりと混ぜます。熱を均一に伝えながら、焦がさずに滑らかになるまで溶かしましょう。

卵をわる。黄身と白身にわける

1. 卵でキッチンの天板やまな板を軽く叩いてひびを入れ、真ん中から割ります。左右の殻が均等になるように注意しながら、割り口をゆっくり広げます。

2. 割った卵の片方の殻に黄身を乗せ、少しずつ傾けます。白身が自然に流れ落ちます。あわてて傾けず、ゆっくりと作業を進めるのがコツです。

3. さらにゆっくりと傾け、黄身を片方の殻からもう片方の殻に慎重に移し替えます。この作業を繰り返すことで白身を落とし、黄身だけを取り出せます。

粉をふるう

粉をふるうとは、小麦粉やココアパウダーなどを目の細かい道具を通して、軽くし、ダマを取り除く作業。生地を均一に仕上げるために欠かせない工程です。

ふるうのは、小麦粉、ココアパウダー、アーモンドプードル、ベーキングパウダーなど。粉の湿気や固まりを防ぎ、生地が均等に混ざるようになります。

一般的には「粉ふるい」や「茶こし」を使用します。粉ふるいは一度に多くの粉をふるえるので便利ですが、少量の場合は茶こしを使うと手軽です。

おかし作りの前に

泡だて器やゴムベラで混ぜる

泡だて器で混ぜる
卵を泡だて器で混ぜるときは、空気を含ませるように円を描きます。空気を入れながら均一に混ぜるのに適しています。

ヘラで切るように混ぜる
パウンドケーキの生地はヘラを使い、切るように混ぜます。練りすぎると固い仕上がりになるので、粉気がなくなるまでで OK。

ひっくり返すように混ぜる
バターケーキの生地。粉類を加える際は、水平に動かすのではなく、すくい上げるようにして生地をやさしく混ぜます。

ヘラでクリームを整える
はみ出たクリームをヘラで整えるよう。繊細な力加減が必要な作業では、シリコンのヘラやパレットナイフが役立ちます。

ハンドミキサーで混ぜる

速度について
ハンドミキサーは低速から始め、飛び散りを防ぎます。材料が馴染んだら中速や高速を使用し、仕上げは再び低速で整えます。

ハンドミキサーのコツ
羽根をボウルの底や側面に沿って動かし、均一に混ぜます。羽根を深く差し込み、空気を入れすぎないよう注意しましょう。

羽根を確認する
使用前に羽根が固定されているかを確認。電源コードが邪魔にならないように注意しましょう。使用後は羽根を外して洗います。

羽根だけで混ぜる
ハンドミキサーの羽根を外し、手に持って混ぜる場合も。泡をつぶさず、軽く混ぜる作業やムラを整えるときに役立ちます。

おかし作りの前に

生クリームの泡だて方

1

油分（％）について
油分が高い（３５％以上）の生クリームは泡だてやすくコクが出ますが、低いものは軽い仕上がりになります。

2

やわらかいクリーム
ケーキの間に挟むクリームは、滑らかで柔らかい方が生地となじみます。角がゆるく垂れる程度のかたさが最適です。

3

かためのクリーム
デコレーション用のクリームは角がしっかり立つ状態まで泡だてます。この方が形を保ちやすく、きれいな仕上がりに。

4

泡だてはじめ
泡だて始めは液体の状態が続きますが、焦らずハンドミキサーや泡だて器で混ぜ続けると徐々にクリーム状になります。

5

急に固まり出す
生クリームは泡だち始めると急にかたくなるので注意。仕上がりに近づいたら低速でようすを見ながら泡だてます。

6

かたさの調整
泡だてすぎて分離しそうな場合は、少量の泡だて前の生クリームと混ぜて、滑らかさを取り戻すことができます。

メレンゲの泡だて方

メレンゲとは
メレンゲは、卵白を泡だてて作るふんわりとした泡状の材料です。お菓子作りで軽さを出すために使われます。

白身と黄身に分ける
卵を割り、白身と黄身を慎重に分けます。黄身が混ざると泡だたないので、白身を完全に分離させます。

材料は白身
メレンゲには白身だけを使用します。ボウルやハンドミキサーに油分や水分が残らないよう注意してください。

はじめは低速で
はじめは低速で泡だてます。卵白が液体から軽く泡だち、全体が白くなり始めるまで丁寧に混ぜましょう。

速度を上げる
白身がしっかり泡だち始めたら、高速に切り替えてさらに細かく安定した泡を作ります。均一に混ぜるのが大切です。

できあがり
ツヤがあり、角がピンと立つ硬さが完成の目安です。泡だてすぎると分離してしまうので注意しましょう。

**おとなといっしょに
よんでみよう！**
Column

子供といっしょに作るときの関わり方

◆書いた人◆　saya

　子供と一緒にキッチンに立つのは楽しい反面、「やりたいことが噛み合わない」「思った以上に時間がかかる」「キッチンがぐちゃぐちゃになる」といった経験や、何をどこまで任せたらいいのかわからないと悩むことはありませんか？

　我が家では、今でこそ4歳と9歳の娘と楽しくお菓子作りをしていますが、長女の初めてのお手伝いは楽しさよりどっと疲れてしまったのを覚えています。

　長女の初めてのお手伝いは2歳の頃。夫の故郷フランスの定番おやつ「クレープ」でした。今思えばシンプルな材料でありながら、卵を割り、粉や牛乳を計量し、粉が舞わないようにホイッパーで均一に混ぜ、薄く広げて焼く、という子供にとっては難しいものだったかもしれません。それでも何度も一緒にキッチンに立つうち、今では次女と2人で分担しながら楽しく作れるようになりました。そんな経験から得た「子供とキッチンに立つコツ」をまとめました。

1　お願いする作業を決めておく

　年齢や得意なことに応じて、簡単な作業から始めましょう。道具や材料を取る、ボウルを押さえる、粉をふるうなど、小さなことでも子供にとっては立派なお手伝いです。無理のない範囲でお願いすることで親も子も負担が少なくなります。

2　全体の流れを説明する

　作業の流れを説明し、子供にお願いすることを説明してみましょう。すると、役割が分かりやすくなります。例えば、箇条書きを作って「次はこれだよ」と声をかけると、子供も順番を理解しやすくなります。

3　すぐには手を貸さない

　子供が困ってもすぐに手を出さず、言葉でサポートします。「次はどうする？」や「どうすると上手くいくかな？」と問いかけると、自分で考えながら作業できるようになります。

4　失敗しても怒らない

　粉をこぼしたり、卵を割るときに失敗したりするのは当たり前です。失敗よりも「できたこと」に注目し、大げさなくらいに褒めましょう。「すごい！」「上手だね！」という言葉で、子供のやる気と自信がぐっと育ちます。

5　子供のアイデアを取り入れる

　お菓子作りは、形を工夫したり、デコレーションを楽しんだりする自由な面があります。子供の発想を活かすと、思いもよらない楽しい作品が生まれることもあります。

6　任せる範囲を少しずつ広げる

　何度か一緒に作ったら、一部の作業を完全に任せてみましょう。例えば、ホットケーキを焼く、クッキーを型抜きするなど、どこかの工程を一人でやらせることで自立心が育ちます。

7　誰かのために作ってみる

　「おばあちゃんへのプレゼント」など、誰かを想って作るお菓子は、子供にとって特別なものになります。「どうしたら喜んでもらえるかな？」と考えることで、集中力や創意工夫が引き出されます。

　お菓子作りは、「一緒に作って、一緒に食べる」ことで完成します。五感を使いながら作業をすることで、楽しみながら考える力や手順を整理する力を育てることができます。子どもと一緒にキッチンに立ち、その様子を写真に残すのも素敵な思い出になります。

Chapter 2

はじめての
おかし作り

はじめてのおかし作りにチャレンジ！
かんたんで楽しいレシピを集めました

1
First Pudding

はじめてのプリン

ぷるぷる肌の甘くて冷たいわたしはプリン。おやつの時間をたのしくする人気者。シンプルな材料でつくれるよ。つくるときは、あわてずゆっくりつくってね。できあがったらホイップクリームやフルーツでおめかししてくれるとうれしいな！

ひつようなじかん **60分**

むずかしさ ★★☆☆☆

◆つくりかた◆
カラメルソースを作ってプリンカップに入れ、プリン液を注ぎます。オーブンで蒸し焼きしてできあがり。

◆ざいりょう◆
プリンカップ6個分
〈プリン液〉
・卵……3個
・砂糖……50g
・牛乳……300㎖
・バニラエッセンス……少々
〈カラメルソース〉
・砂糖……100g
・水……大さじ1
・熱湯……60㎖

◆どうぐ◆
・プリンカップ6個
・なべ
・バット
・ボウル2個
・泡だて器
・こし器

◆アドバイス◆
・オーブンは160℃に予熱しておく
・湯せん焼き用の熱湯を沸かしておく
・バットにプリンカップを並べておく

1 カラメルがこれ以上焦げないように熱湯を入れて温度を上昇を止めます。
2 並べる前にペーパータオルを敷いておくと滑りにくくなります。

1 〈カラメルソース〉の砂糖と水をなべに入れて中火にかける。

2 なべをゆっくり揺らしながら砂糖を溶かす。濃い茶色になったら火を止めます。

3 熱湯を入れてかき混ぜたら、カラメルソースのできあがり。
アドバイス1

4 バットに並べたプリンカップに大さじ1のカラメルソースを入れて冷ます。
アドバイス2

5 ボウルに卵を入れて、泡だて器で溶きほぐす。

6 5の卵液に砂糖を加えてよく混ぜる。

◆アドバイス◆

3 牛乳は沸騰させすぎないように。卵が固まってしまい、口あたりや風味が悪くなってしまいます。

4 こし器を使うのは卵についていた「カラザ」などを取りのぞくため。なめらかな口あたりになります。

・カラメルソースは少し難しいので、はじめて作るときはカラメルソースなしのプリンもおすすめです。
プリンカップは耐熱のものを使いましょう。P.22のイラストのように背の高いプリンを作りたい場合は、100㎖など小さめのカップを用意します。大きめのプリンカップやグラスで作ると手順18のような形になります。

7 なべに牛乳を入れて弱火にかける。沸騰する直前まで温めます。
アドバイス3

8 6 の卵液に温めた牛乳を少しずつ加えてよく混ぜる。

9 バニラエッセンスを加えて混ぜます。

10 別のボウルを用意し、こし器を通して 9 のプリン液を注ぎます。
アドバイス4

11 おたまを使い、4 のプリンカップにプリン液を流し入れます。

12 カラメルソースとプリン液が混ざってしまっても、少し待てば分離するので大丈夫。

24

◆アドバイス◆

5 深めのバットを用意するとお湯がこぼれにくく運びやすくて安心です。

6 竹串をさして生地がついてこなければOKです。

7 容器を軽く触ってみて、ほんのり温かい程度になるまで冷まします。冷蔵庫に入れる時間は2時間ほど。4時間以上など、しっかり時間をかけて冷ますのもおすすめ。

8 プリンカップの底をお湯につけ、プリンのふちをぐるっとスプーンでおし、お皿をカップにかぶせて、軽くふります。

▼

▼

13 バットにお湯を入れます。プリンの1/3くらいの高さまで。
アドバイス5

14 オーブンの天板にバットをのせる。やけどしないように気をつけて。

15 160℃に予熱したオーブンで40分蒸し焼きにする。
アドバイス6

16 オーブンから出して粗熱がとれたら、冷蔵庫で冷やします。
アドバイス7

17 プリンカップからはずす。
アドバイス8

18 お皿にもりつけたらできあがり。フルーツや生クリームをのせるとさらにかわいくなります。

できあがり

2 Soft Gummies

ぷにぷにグミ

ぷにぷにのぼく、おうちでもつくれるって知ってた？好きなジュースやジャムでつくってね。クマさんやハート、なんでも好きな形にできちゃうよ。温かいところは苦手だから涼しいところに保管してね。あ、あと、食べるときはよくかんで。

ひつような じかん **15分**
むずかしさ ★★★

◆つくりかた◆
冷蔵庫で冷やし固める、火を使わないおかしです。好きなジュースで作れます。ここではぶどうジュースを使いました。

◆ざいりょう◆
直径3cmくらいのもの18個分
・粉ゼラチン……10g
・ジュース……100㎖
・グラニュー糖……30g
・水あめ……40g
・レモン汁……10g

◆どうぐ◆
・耐熱ガラスボウル
・スプーン
・お好みのかたちのシリコン型
（のどに詰まらせる危険があるので、ひとつひとつの形が大きすぎないもの）

◆アドバイス◆
① 電子レンジなど、温度が上がるものを使う場合は、耐熱のボウルを使用してください。

② シリコン型には、サラダ油などを薄くぬっておくと取り出しやすいです。

③ バットでも作れます。小さめのバットにグミ液を流し入れて冷やし、板状のグミを作ります。固まったら、お好みのクッキー型で形を抜きます。

1 耐熱ガラスボウルにジュースを入れて粉ゼラチンをふり入れてふやかす。
アドバイス1

2 ラップをかけずに電子レンジ（600w）で60秒加熱する。

3 ゼラチンが溶けたらグラニュー糖と水あめを加え混ぜ、さらに電子レンジ（600w）で40〜50秒加熱する。

4 電子レンジから取り出してレモン汁を加え、スプーンで混ぜたらグミ液のできあがり。

5 シリコン型にグミ液をスプーンで流し入れ、冷蔵庫で60分ほど冷やし固める。
アドバイス2・3

6 型から取り出したらできあがり。りんごやオレンジのジュースもおすすめです。

27

3
Sparkling Jelly

キラキラゼリー

わたしはゼリー。みんなを包み込んで仲良しにしちゃいます。フルーツの仲間たちと冷蔵庫でお昼寝してると、仲良くちゅるんと固まって、おいしくなっちゃいます。ジュースとも仲良しだから、いろんな色のゼリーを試してみてね。

ひつようなじかん **20分**　むずかしさ ★☆☆☆☆

◆つくりかた◆
フルーツ缶のシロップにゼラチンを溶かし、ゼリー液に。フルーツを盛りつけたグラスに注いで、冷蔵庫で冷やし固める、火を使わないお菓子です。

◆ざいりょう◆
140mlくらいのもの4個分
・粉ゼラチン……5g
・水……大さじ3
・缶詰……（正味）200g
・缶詰のシロップ……全量
　（フルーツの缶詰、お好みのもの）
・水……適量
・砂糖……大さじ1
・レモン汁……小さじ1

◆どうぐ◆
・ゼリー用のグラス4個
　（容量140mlくらいのもの）
・計量カップ
・耐熱ガラスボウル
・ゴムベラ
・おたま

◆アドバイス◆
・生のパイナップルやキウィを使うとゼリーが固まらないことがあります。
・缶詰シロップの替わりに好きなフルーツジュースを使うとカラフルなゼリーに。

1 フルーツは食べやすい大きさに切っておきましょう。

1 小さめの器に水大さじ3を入れ、ゼラチンをふり入れてふやかす。

2 フルーツの缶詰をフルーツとシロップに分け、水（分量外）を加え、計250mlにする。 アドバイス1

3 ボウルに**3**のシロップ、砂糖、レモン汁を入れる。ラップをかけて電子レンジ（600w）で2分間加熱します。

4 レンジから取り出したボウルに**1**のゼラチンを加えてゴムベラで混ぜる。粗熱が取れたらゼリー液のできあがり。

5 フルーツをグラスに盛りつけ、おたまを使ってゼリー液を流し入れる。

6 冷蔵庫で2時間くらい冷やし固めたらできあがり。

29

4

Ice Cream

ひんやりアイスクリーム

ひんやりあまーいわたしはアイスクリーム。ひとくちたべれば幸せ気分。アイスだけでもおいしいけれど、他のスイーツとの相性もバツグンなの。ホットケーキにのせてとろけたり、パフェに入れて豪華にしたり、いろんなわたしを楽しんで。

ひつようなじかん 20分
むずかしさ ★★★

◆つくりかた◆
卵とグラニュー糖をよく混ぜてたっぷりの空気を含ませます。泡だてた生クリームを入れて、冷凍庫で冷やし固めます。

◆ざいりょう◆
4人分
・卵……2個
・グラニュー糖……60g
・生クリーム……200ml
・バニラエッセンス……4〜5滴

◆どうぐ◆
・冷凍可能な保存容器1個
・ボウル2個
・ハンドミキサー
・ゴムベラ

◆アドバイス◆
1 空気を含ませて、よりふんわりとした食感にさせます。

2 保存容器はすこし広めのものがおすすめ。ここでは、22cm×16cm×高さ6cmのものを使いました。

・冷やす途中で、湯せんしたチョコレートをかけるとパリパリチョコのアイスクリームに。

1 ボウルに卵を入れて溶き、グラニュー糖とバニラエッセンスを加えてハンドミキサーで混ぜる。

2 ハンドミキサーを持ち上げるとリボン状に跡が残るくらい白っぽくなるまで混ぜる。 アドバイス1

3 別のボウルで生クリームを泡だてる。ハンドミキサーで六分立てに。

4 2のボウルに3を加えて、泡をつぶさないようゴムベラで下からすくいあげるように混ぜる。

5 保存容器に流し入れ、ラップをかけて冷凍庫で4時間以上凍らせる。 アドバイス2

6 お皿やグラスにもりつけてできあがり。ここではクッキーを添えました。

手作りジャム

Homemade Jam / 5

フルーツや牛乳をお砂糖でコトコト煮込んでできるわたしたち。名わき役としてみんなを輝かせるよ。こんがり焼けたパンやつめたいヨーグルトとはとくに仲良し。わたしたちが冷蔵庫にいれば、朝ごはんも安心。忘れないで、おともだちでいてね。

いちごジャム

◆つくりかた◆
生のいちごに砂糖とレモン汁を加え、弱火でコトコト煮詰めます。保存期間は冷蔵で約1週間を目安に。

◆ざいりょう◆
保存瓶1つ分
・いちご……200g
・砂糖……80g
・レモン汁……小さじ2

◆どうぐ◆
・なべ
・ゴムベラ
・フォーク
・おたま
・保存瓶1個
（容量80mlくらいのもの）

◆アドバイス◆
❶さらにしっかり煮詰めると固めのジャムになります。お好みで。

❷1週間以内に食べきる場合は煮沸消毒は行わなくても大丈夫ですが、保存瓶はしっかり洗って清潔に。また、ジャムは冷蔵庫で保管してください。手づくりジャムのゆたかな風味を楽しむためにも、早めに使い切りましょう。

いちごを洗い、水気をとり、ナイフか包丁でへたを取っておく。

なべにいちごを入れ、フォークで軽くつぶす。いちごの食感を楽しむため、つぶしすぎないで。

❷のいちごに砂糖、レモン汁を加える。レモン汁を入れることで、鮮やかな色に仕上がります。

弱火にかけて15～20分煮る。アクがでたらおたまですくい取りましょう。

ゴムベラでなべ底をこすってみて、筋がスーッと消えるくらいのとろみになったら火を止める。アドバイス❶

清潔な保存瓶に熱いまま入れ、熱いうちにふたをしてできあがり。
アドバイス❷

オレンジの マーマレード

ひつような じかん **60分**　むずかしさ ★★☆

◆つくりかた◆
オレンジを皮と身に分け、皮は苦みをとるため白いワタを取ってゆでこぼします。細かく切って砂糖と一緒にコトコト煮ます。

◆ざいりょう◆
保存瓶1つ分
・オレンジ……1個
　（国産、200gくらい）
・砂糖……80g
・水……大さじ2

◆どうぐ◆
・なべ
・ゴムベラ
・おたま
・保存瓶1個
　（容量80mlくらいのもの）

◆アドバイス◆
できあがったジャムは清潔な保存瓶に熱いまま入れ、熱いうちにふたをします。保存は冷蔵で約1週間です。

1 オレンジは塩（適量、分量外）をまぶしつけ、水でこすり洗いする。

2 オレンジを8等分に切り、皮と身に分ける。皮のわた部分（白い部分）は苦みが出るので取りのぞきます。

3 なべにたっぷりの水とオレンジの皮を入れて沸騰させ、3分ほど煮る。

4 ゆでこぼし、水をもういちど入れ、3と同様に煮ます。計3回繰り返します。

5 オレンジの皮を10分ほど水にさらします。

6 オレンジの皮を細く切り、オレンジの身は半分に切る。

なべに 6 と砂糖、水（大さじ2）を入れ沸騰させる。沸騰したら弱火にして25〜30分間煮る。

オレンジの身をゴムベラで軽くつぶしながら混ぜ、とろみがついたら火をとめる。

清潔な保存瓶に熱いまま入れ、熱いうちにふたをすればできあがり。

ミルクジャム

ひつようなじかん 20分　むずかしさ ★☆☆

◆つくりかた◆
なべに牛乳と砂糖を入れ、吹きこぼれないように15分煮詰めます。冷やすとかたくなるので煮詰めすぎないよう注意しましょう。

◆ざいりょう◆
・牛乳……200㎖
・砂糖……50g

◆どうぐ◆
・なべ
・ゴムベラ
・おたま
・保存瓶1個
　（容量80㎖くらいのもの）

◆アドバイス◆
できあがったジャムは清潔な保存瓶に熱いまま入れ、熱いうちにふたをします。保存は冷蔵で約1週間です。

なべに牛乳と砂糖を入れて中火にかけ、ゴムベラで混ぜる。

混ぜながら15分煮詰める。吹きこぼれないように注意して。

とろみがつき、はじめの量の半分以下になったらできあがり。

6
Fruit
Sandwich

フルーツサンド

見た目もかわいくてうっとりしちゃうわたしはフルーツサンド。みんなが大好きな生クリームをたっぷり使って、ふわふわパンでフルーツをはさんでおいしくしちゃうよ。切るときにはきれいなフルーツが見えるようにしてくれるとうれしいな。

ひつようなじかん 50分
むずかしさ ★☆☆

◆つくりかた◆
しっかりと泡だてた生クリーム、いちご、バナナを食パンにはさんで冷蔵庫で休ませたらカットします。

◆ざいりょう◆
6切れ分
・食パン（8枚切り）……4枚
・生クリーム……100㎖
・グラニュー糖……大さじ1
・いちご……4個
・バナナ……1本

◆どうぐ◆
・ボウル2個
・ハンドミキサー
・ゴムベラ
・まな板
・包丁、ナイフ

◆アドバイス◆
1 いちごは洗ってからナイフでヘタをとっておきましょう。

2 ボウルの底を氷水にあてながら泡だてます。

3 フルーツの断面がきれいに見えるように、カットする時はフルーツの向きを確認。カットするつどクリームを拭き取ると、きれいに切りやすくなります。また、食パンのみみはグラニュー糖小さじ1をかけて、160℃のオーブンで20分ほど焼くとラスクに大変身。

1

いちごは縦半分に、バナナは皮をむき半分にしてからさらに縦半分にカット。
アドバイス1

2

ボウルに生クリームを入れてグラニュー糖を加える。ハンドミキサーで角が立つまで泡だてる。**アドバイス2**

3

食パン2枚の片面にゴムベラで**2**の半量を塗る。いちごとバナナを写真のように並べ、残りのパンを上にかぶせる。

4

ラップでギュッと包んで、冷蔵庫で30分ほど休ませる。

5

ラップをとりパンのみみを切り取ってから、パンを3等分に切る。
アドバイス3

6

できあがり。おやつはもちろん、朝ごはんやお弁当にもおすすめです。

7 French Toast

フレンチトースト

私はフレンチトースト。フランスでは「失われたパン」（パン・ペルデュ）なんて呼ばれてるけど、作り方はかんたん。たっぷりの卵とミルクのお風呂にはいって、フライパンでジュージューするだけ。粉砂糖でメイクもしてね！

◆つくりかた◆
卵液を食パンにしみこませ、バターでこんがりと両面を焼きます。仕上げに甘さをプラスしたらできあがり。食パンをバゲットに替えてもおいしいです。

◆ざいりょう◆
１２切れ分
・食パン（６枚切り）……３枚
・卵……３個
・グラニュー糖……大さじ１
・牛乳……１００㎖
・生クリーム……１００㎖
・バター（食塩不使用）……３０ｇ
・はちみつ（※）……適量
・粉砂糖……適量
※ボツリヌス症予防のため、１歳未満の乳児に与えることは避けてください。

◆どうぐ◆
・泡だて器
・バット
・フライパン
・フライ返し

◆アドバイス◆
1 切り込みを入れると、卵液がしみこみやすくなります。
2 火加減はご家庭のコンロにより異なります。焦がさないように調節しながら焼きましょう。

1 食パンを縦横半分に切る。食パンのみみに、２～３㎜の浅い切り込みを１箇所ずつ入れておく。 アドバイス１

2 ボウルに卵とグラニュー糖を加えて溶きほぐします。牛乳と生クリームを加えてさらに混ぜる。

3 2をバットに移し、食パンを浸す。片面につき５分ずつ、計１０分くらい浸し、卵液をしみ込ませる。

4 フライパンを弱火にかけてバターを入れ、溶けたところに食パンを並べる。３分ほど焼く。 アドバイス２

5 裏返してさらに２分ほど焼きます。

6 器に盛り、はちみつと粉砂糖をかけたらできあがり。ジャムやメープルシロップもおすすめです。

39

8
Pancakes

まんまるホットケーキ

ふんわりと焼けたこうばしい香りのぼくはホットケーキ。バターをのせてはちみつをかけたら、ジュワ〜と広がる甘さにほっぺが落ちちゃうかも。ジャムやフルーツともなかよしだけど、目玉焼きやベーコンともいっしょでもおいしいよ。

◆つくりかた◆
牛乳と卵を混ぜ、ホットケーキミックスを加えます。フライパンに生地を流してプツプツしてきたら、ひっくり返してできあがり。

◆ざいりょう◆
2枚分
・牛乳……100㎖
・卵……1個
・ホットケーキミックス……150g
・はちみつ（※）……適量
・バター……適量
※ボツリヌス症予防のため、1歳未満の乳児に与えることは避けてください。

◆どうぐ◆
・ボウル
・泡だて器
・計量カップ
・フライパン（フッ素樹脂加工のもの）
・ふきん（水にぬらしておく）
・おたま
・フライ返し

◆アドバイス◆
1 混ぜるのは粉っぽさがなくなるまで。混ぜすぎると固くなりがち。

2 ぬれふきんでフライパンの温度を下げることで、焼きムラがなくなります。

3 少し高い位置から、1点をめがけて流し入れるときれいな丸になります。

1 ボウルに牛乳と卵を入れる。卵と牛乳は常温に戻しておくことを忘れずに。

2 泡だて器でよくまぜる。全体が均一になるように。

3 ホットケーキミックスを加えてさらに混ぜる。ダマが少し残っていても大丈夫です。アドバイス1

4 フッ素樹脂加工（テフロン）のフライパンを中火にかける。

5 しっかり温まったら火からおろし、水でぬらしたふきんの上におく。アドバイス2

6 フライパンをコンロ（弱火）にもどし、生地をおたまですくって直径15㎝ほどに流し入れる。アドバイス3

◆アドバイス◆

4 ホットケーキ生地は流し入れるだけで、重力とフライパンの熱で自然に広がります。触らずにそのまま焼くことで、空気を含んだふんわり感が保たれます。
ただし、生地が固いと広がらないことも。その場合はおたまの背やスプーンで軽く整えます。

5 プツプツの正体はフライパン生地の中の空気や水分。熱によって膨張した気体や水蒸気が生地の表面に出てきます。

6 シリコン製のヘラもおすすめ。弾力があり、また、フライパンを傷つけにくいです。ただし、面積が小さいので、大きめのホットケーキだとお子さんには難しい場合も。

弱火で3分ほど焼く。表面をならす必要はありません。
アドバイス4

表面がプツプツしてきます。気泡が全体に広がり、表面が少し固まったらひっくり返すタイミングです。**アドバイス5**

フライ返しで裏返す。フライ返しを、生地の中心あたりまでしっかり入れると安定します。**アドバイス6**

裏返したら、さらに弱火で2分焼く。お皿にうつす前に、きれいに焼けていることを確認しましょう。

ホットケーキのできあがりです。

バターやはちみつをのせて召し上がれ！ジャムやアイスクリームもすてきです。

42

ミニホットケーキ

◆つくりかた◆
ホットケーキの生地が余分にできた場合は、小さなホットケーキ「１ドルパンケーキ」を焼いてみるのも楽しいです。もちろん、はじめからミニサイズを楽しむこともできます。生地の配合は普通のホットケーキと同様です。

◆アドバイス◆
1 残りの生地を焼くときは、もう一度、フライパンをぬれふきんの上におき、冷ましてからスタート。

2 小さいのでひっくり返すのがかんたん。小さなお子さんがはじめて焼く時はミニサイズがおすすめです。

温めたフライパンをぬれふきんにのせる。
アドバイス1

フライパンを火にかけ、カレースプーンで生地を流し入れる。大きさは５cm程度に。

弱火で３分焼く。

ひっくり返して、弱火でさらに２分焼きます。
アドバイス2

ミニホットケーキのできあがりです。

生地があったらどんどん焼いて。ホットケーキのタワー！

9

Poundcake

バナナのパウンドケーキ

ホットケーキミックスはいろいろなおかしに変身(へんしん)できるって知ってた？わたし、しっとりあまーいバナナとチョコチップのパウンドケーキもその一つ(ひと)。失敗(しっぱい)しにくいのに、すごくおいしいからぜったいに作(つく)ってほしいな。プレゼントにもおススメだよ。

ひつような じかん 50分
むずかしさ ★★★

◆つくりかた◆
バターとグラニュー糖を混ぜ、卵、ホットケーキミックス、バナナ、チョコチップを加え、オーブンで焼きます。

◆ざいりょう◆
パウンド型1台分
- ホットケーキミックス……150g
- バター（食塩不使用）……40g
- グラニュー糖……40g
- 卵……1個
- バナナ……150g（約2本）
- チョコチップ……25g
- 塩……ひとつまみ
- 粉砂糖……適量

◆どうぐ◆
- ボウル
- 泡だて器
- ゴムベラ
- パウンド型
 （18cm×7cm×高さ6cm）

◆アドバイス◆
1 バターは常温に戻しておきます。

2 卵は割って溶きほぐしておきます。

3 バナナはボウルに入れてフォークでつぶしておきます。

4 オーブンは180℃に予熱しておきます。型には、オーブン用シートをしいておきましょう。型の高さの8割ほどを目安に生地を流し入れます。

1
ボウルにバターを入れ、泡だて器でクリーム状になるまで混ぜる。
アドバイス1

2
1 にグラニュー糖を加えてすり混ぜる。

3
溶いておいた卵を 2 に2〜3回に分けて少しずつ加え、そのつど泡だて器でよく混ぜる。 アドバイス2

4
ホットケーキミックス、バナナ、チョコチップ、塩を加えて、ゴムベラで混ぜる。
アドバイス3

5
型に生地を流し入れ、オーブンで35分焼く。竹串をさして生地がついてこなければ焼き上がりです。 アドバイス4

6
粗熱がとれたら型から取り出し、粉砂糖をふってできあがり。厚さはお好みで。

10
Scones

かぼちゃのスコーン

ホットケーキミックスはかぼちゃとクリームチーズのスコーンにも変身するよ。かぼちゃを使うからお砂糖だけじゃない甘さも感じられるよ。クリームチーズと合わせて好きな形にカットしてオーブンで焼くだけ。かぼちゃの種の飾りもつけてね。

ひつような じかん **30分**

むずかしさ ★★★

◆つくりかた◆
蒸したかぼちゃとホットケーキミックス、バター、クリームチーズを混ぜてオーブンで焼きます。

◆ざいりょう◆
6個分
・ホットケーキミックス……200g
・かぼちゃ……120g
　（蒸して皮を除いたもの）
・バター（食塩不使用）……50g
・クリームチーズ……50g
・市販のかぼちゃの種……適量
・薄力粉（打ち粉用）……適量

◆どうぐ◆
・ボウル
・まな板
・オーブン用シート

◆アドバイス◆
・オーブンは180℃に予熱しておく

1 耐熱ボウルに一口大に切ったかぼちゃと水大さじ1を入れ、ラップをかけて電子レンジで4〜5分加熱します。取り出して皮をむいておきます。かぼちゃはしっかり冷ましておきましょう。

2 バター、クリームチーズは1cm角に切っておきます。バターとクリームチーズは冷たいまま使います。外はザクザク、中はしっとりの食感に。

1

ボウルにかぼちゃ、ホットケーキミックス、バターとクリームチーズを入れる。
アドバイス1・2

2

手でバターをつぶすように混ぜる。練るとふくらみにくくなるので気をつけましょう。

3

材料がまとまったら丸い形にする。

4

まな板の上に打ち粉（薄力粉）をする。生地をナイフで6等分にし、かぼちゃの種をのせます。

5

オーブン用シートを敷いた天板に間隔を開けて並べ、180℃のオーブンで15分焼く。

6

できあがり

オーブンから出し、粗熱がとれたらできあがり。

おとなといっしょに
よんでみよう！
Column

基本ができたらアレンジしてみよう

◆書いた人◆　高田りぶれ

　基本の作り方をひととおりおぼえたら、今度はアレンジを加えてみましょう。でも、どんなことから始めたらいいのか…悩んでしまう方も多いはず。アレンジの考え方やちょっとしたヒントをまとめました。

野菜や果物でカラフルなヘルシーおやつ

　フォトジェニックなカラフルスイーツは見ているだけでも気分が上がります。野菜や果物からできたパウダーやジュースを焼き菓子の生地や生クリーム、白玉粉などに混ぜ込むと、色や味が変わるだけではなくヘルシーなおやつに。むらさきいも（むらさき）、ほうれん草（緑）、かぼちゃ（黄色）、いちご（ピンク）のパウダーやブドウ、野菜ジュースなど天然素材を利用しましょう。おいしくてかわいくてからだにやさしいお菓子を食べながら、栄養についてお子さんと話してみては。

おかしの組み合わせで作る「マイパフェ」

　プリン、アイスクリーム、チーズケーキ…いろんなお菓子を作ったら、お気に入りの器に盛ってパフェにアレンジ。生クリームやフルーツ、チョコスプレー、ジャム、ヨーグルトなど好きなものを好きなだけ盛り合わせてデコレーション。器はマグカップやコーヒーカップなどでも OK。たっぷりフルーツやアイスクリームを乗せたいなら、平皿でもよいでしょう。

甘いおやつ系から甘くないおかず系に

　カップケーキを甘いお菓子として楽しんだら、生地の砂糖を減らして味変するのもおすすめ。甘くない生地にお子さまが好きなツナやソーセージ、チーズのほか、ゆでたかぼちゃやさつまいもなどの野菜を IN。あっという間に朝食やランチにぴったりのメニューに。食事系のパンケーキなら、ベーコンやハム、たまご、レタスやきゅうりなどをはさんでサラダ風なども。甘くないアレンジでバリエーションが一気に広がります。

大好きな人へ！プレゼント用に作ってみよう

　お菓子が上手に作れるようになったら、今度はだれかにプレゼントしたくなるもの。お子さまが贈りたい相手を聞いて、どんなお菓子が喜ぶのか一緒に考えてみるのはいかが。自分用ではなくプレゼント用に作るとなると味だけでなく色や形もこだわってやる気もアイデアもわいてくるはず。できあがったお菓子のラッピングを考えるのも楽しい時間に。心を込めて誰かのために作り、喜んでもらうことはお子さまにとってよい経験になるはずです。

リメイク、リカバリーは料理の醍醐味

　割れてしまった、焦げてしまった…などお菓子作りに失敗はつきものです。失敗したときにどのようにリカバリー、アレンジするかを考えるのも実は料理のおもしろいところ。割れたクッキーはチーズケーキなどの台座部分に、パンケーキの焦げた部分は生クリームやフルーツで隠すなどリカバリー法はさまざま。イメージどおりに作れなかったお菓子をどんな風においしくリメイクできるのか。お子さまと一緒に考えることでピンチに対応できる臨機応変力を培うことができるでしょう。

参考
あんびるやすこ『ルルとララの手作りスイーツ（3）秋のお菓子』（岩崎書店、2015）
宮沢うらら『かんたん！おいしい！フォトジェニックスイーツ　きらきら☆カラフルスイーツ』（汐文社、2019）

Chapter 3

みんなが
大好きなおかし

ちょっとだけステップアップ！
ケーキやクッキーを焼いてみよう

11
Madeleines

はちみつ使いのマドレーヌ

子供にも大人にも愛される私はマドレーヌ。ぷっくりふくらんだお腹が自慢です。「伝統的なおかし」そんな風に言われるのも嬉しいけれど、生地の材料をかえたり、レモンや抹茶で風味をつけたり、新しい挑戦も大歓迎なんですよ。

ひつような じかん **90分**

むずかしさ ★★☆

◆つくりかた◆
卵、はちみつ、きび糖を混ぜ、米油は少しずつ加えていきます。ふるっておいた粉類と混ぜたら冷蔵庫で休ませ、型に入れてオーブンで焼きます。

◆ざいりょう◆
4個分
- 卵……1個
- きび糖……30g
- はちみつ（※）……20g
- 薄力粉……50g
- ベーキングパウダー……1g
- 米油……50g

※ボツリヌス症予防のため、1歳未満の乳児に与えることは避けてください。置き換える場合は、砂糖15gと水を小さじ1。水を加えるのははちみつに水分が含まれるため。

◆どうぐ◆
- ボウル
- 粉ふるい
- 泡だて器
- ゴムベラ
- マドレーヌカップ4個（アルミ製、5号）

◆アドバイス◆
- 薄力粉とベーキングパウダーを合わせて粉ふるいでふるっておく
- オーブンは180℃に予熱しておく

1 米油を使うことでふんわりとかるい食感に仕上がります。

1 ボウルに卵を入れて、泡だて器で溶きほぐす。

1 にきび糖とはちみつを加える。

2 に米油を少しずつ加えながら、泡だて器でよく混ぜる。 アドバイス1

3 にふるっておいた薄力粉とベーキングパウダーを加える。

泡だて器で粉っぽさがなくなるまで混ぜる。

ラップをかけ、生地を冷蔵庫で1時間ほど休ませる。

◆アドバイス◆

2 マドレーヌのような焼きがしは、表面がこんがりと焼けるとおいしそうに仕上がります。薄すぎると生焼けの心配があり、濃すぎると焦げたような苦味が出てしまうことも。

大きく影響するのはオーブンの温度。高すぎると表面だけが先に焼けてしまい、中がまだ焼けていないのに色が濃くなります。低すぎると、全体的に色づきが悪く、焼き足りないことも。

レシピに書かれた温度を守るのはもちろんですが、オーブンにはクセがあるので、何度か焼いてみて調整することが大切です。

7 焼成の準備をします。オーブンの天板に型を並べましょう。

8 冷蔵庫から生地を取り出し、スプーンで型の八分目くらいまで入れる。

9 180℃に予熱したオーブンで10分焼く。

10 生地がふくらんで焼き色がついたらオーブンの温度を150℃に下げ、さらに5分焼く。 アドバイス2

11 オーブンから取り出して、ケーキクーラーの上にのせて冷ます。

12 マドレーヌのできあがり。

マドレーヌ・シトロン

ひつような じかん **90分**

むずかしさ ★★☆

◆つくりかた◆
マドレーヌのアレンジは、レモン汁とレモンの皮を加えたマドレーヌ・シトロン。プレーンとの違いを楽しみましょう。

◆ざいりょう◆
4個分
- 卵……1個
- きび糖……30g
- はちみつ（※）……20g
- 薄力粉……50g
- ベーキングパウダー……1g
- 米油……50g
- レモン汁……10g
- すりおろしたレモンの皮……1/2個分

※ボツリヌス症予防のため、1歳未満の乳児に与えることは避けてください。

◆どうぐ◆
- ボウル
- 粉ふるい
- 泡だて器
- ゴムベラ
- マドレーヌカップ4個（アルミ製、5号）

◆アドバイス◆
- P.51と同様に下準備をする

1. はちみつマドレーヌの手順5のあとからスタート。レモン汁を加えます。

2. レモンは塩でこすり洗いをして、皮をすりおろし加えて混ぜる。表面の皮のみをすりおろすと苦みが少ないです。

3. ラップをかけ、生地を冷蔵庫で1時間ほど休ませる。

4. 冷蔵庫から生地を取り出し、スプーンで型の八分目くらいまで入れる。

5. はちみつマドレーヌの作り方の9～12と同様に、オーブンで焼きましょう。

6. できあがり。プレーンとシトロンの風味の違いを楽しんでみて。

12
Fluffy Cupcakes

ふんわりカップケーキ

黄金色に輝いていい香りを届けるわたしはカップケーキ。生地をまぜてオーブンに入れたら、ふんわりといい香りがお部屋中に広がるよ。軽くてフワフワのわたしをみんなに早く味わってもらいたいな。シロップをぬるとしっとりお肌になるんだよ。

ひつような じかん **50分**

むずかしさ ★★★

◆つくりかた◆
バター、きび糖、卵を混ぜて、薄力粉とベーキングパウダーを加えさっくり混ぜます。型に入れてオーブンで焼きます。

◆ざいりょう◆
6個分
・バター（食塩不使用）……130g
・きび糖……100g
・卵……2個
・薄力粉……130g
・ベーキングパウダー……1g
・バニラエッセンス……少々
〈シロップ〉
・水……35g
・グラニュー糖……20g

◆どうぐ◆
・ボウル
・泡だて器
・ゴムベラ
・マフィン型
　（約26cm×18cmのワンプレートタイプ）
・グラシンカップ6個
・耐熱ボウル
・はけ

◆アドバイス◆
・バターと卵は常温に戻しておく
・薄力粉とベーキングパウダーを合わせて粉ふるいでふるっておく
・オーブンは180℃に予熱しておく
・卵は割って溶きほぐしておく

はじめにシロップを作ります。耐熱ボウルにグラニュー糖と水を入れます。

ラップをかけずに電子レンジで40秒加熱する。

ゴムベラなどですくってみて、グラニュー糖がとけたらできあがり。

ボウルに常温に戻しておいたバターを入れて、泡だて器でクリーム状になるまで混ぜる。

4にきび糖を3、4回に分けて加え、そのつどよく混ぜる。

5に溶いておいた卵を3～4回に分けて加え、そのつどよく混ぜる。

◆アドバイス◆

1. 甘くてすてきな香りのするバニラはラン科の植物。バニラエッセンスなどの香料は、そのたねやさやから作られます。おかしだけでなく飲み物にも使われます。少しでもしっかり香るので入れすぎに注意して。

2. 入れ終わったら、マフィン型を天板にトントンとあて、生地の空気を抜く。

3. シロップをぬるのは焼き上がり後の乾燥をふせぐ、食感をなめらかにする、つやつやとした見た目がおいしそう、などいくつかの理由があります。
焼きたてを食べるならシロップなしもおすすめ。食べくらべてみても楽しいです。

7 ふるっておいた薄力粉とベーキングパウダーを6に加え、ゴムベラでさっくり混ぜる。

8 粉っぽさがなくなったら、バニラエッセンスを加えて混ぜる。
`アドバイス1`

9 マフィン型にグラシンカップをおき、生地をカップの八分目までスプーンで入れる。`アドバイス2`

10 180℃のオーブンで30分焼く。竹串をさして生地がついてこなければ焼き上がり。

11 オーブンから取り出したらシロップをハケを使ってぬる。型が熱いので気をつけて。`アドバイス3`

12 できあがり
粗熱がとれたらできあがり。

チョコレート風味のカップケーキ

◆つくりかた◆
プレーンの次は、生地にココアパウダー、チョコチップ、レーズンを加えたアレンジマフィンにチャレンジ。

◆ざいりょう◆
6個分
- バター（食塩不使用）……130g
- きび糖……100g
- 卵……2個
- 薄力粉……100g
- ベーキングパウダー……1g
- ココアパウダー……20g
- チョコチップ……60g
- レーズン……30g
- バニラエッセンス……少々
〈シロップ〉
※カップケーキと同じ

◆どうぐ◆
※カップケーキと同じ

◆アドバイス◆
- バターと卵は常温に戻しておく
- 薄力粉とベーキングパウダー、ココアパウダーを合わせてふるっておく
- オーブンは180℃に予熱しておく
- 卵は割って溶きほぐしておく

1 粉っぽさがなくなるまで混ぜます。

カップケーキの手順6のあとに、ふるっておいた粉類を加え、ゴムベラでさっくり混ぜる。 アドバイス1

チョコチップとレーズン、バニラエッセンスを加え、さっくりと混ぜる。

マフィン型にグラシンカップをおき、生地をカップの八分目まで入れる。

180℃のオーブンで30分焼く。

オーブンから取り出したらシロップをハケを使ってぬる。型が熱いので気をつけて。

粗熱がとれたらできあがり。

57

13
Bunny Cupcakes

うさぎのカップケーキ

カップケーキをかわいくアレンジしたらウサギがぴょんと登場(とうじょう)したよ。ケーキの中(なか)にイチゴを忍(しの)ばせ、お顔(かお)はホイップクリーム、耳(みみ)はマシュマロ、目(め)はチョコレートでできてるからぜーんぶ食(た)べれるよ。あなたのウサちゃん、とっても楽(たの)しみ！

◆つくりかた◆
カップケーキの上にホイップクリームを丸くのせて、チョコペンとマシュマロでうさぎさんにします。

◆ざいりょう◆
6個分
- バター（食塩不使用）……130g
- 砂糖……80g
- 卵……2個
- 薄力粉……130g
- ベーキングパウダー……2g
- バニラエッセンス……少々

〈シロップ〉
- 冷凍いちご……12個
- 砂糖……大さじ3

◆どうぐ◆
- ボウル
- 泡だて器
- ゴムベラ
- マフィン型（約26cm×18cmのワンプレートタイプ）
- グラシンカップ6個
- 耐熱ボウル

◆アドバイス◆
- バターと卵は常温に戻しておく
- 薄力粉とベーキングパウダーを合わせて粉ふるいでふるっておく
- オーブンは180℃に予熱しておく
- 卵は割って溶きほぐしておく

1 できあがったいちごシロップは果実とシロップにわけておきます。

耐熱ボウルに冷凍いちごと砂糖を入れる。ラップをかけずに電子レンジで1分30秒加熱する。

レンジから取り出してよく混ぜたら、さらに1分30秒加熱する。
アドバイス1

ボウルに常温に戻しておいたバターを入れ、泡だて器でクリーム状になるまで混ぜる。

3 に砂糖を3〜4回に分けて加え、そのつどよく混ぜる。さらに 2 のシロップを混ぜる。

溶いておいた卵を3〜4回に分けて 4 に加え、そのつどよく混ぜる。

ふるっておいた薄力粉とベーキングパウダーを 5 に加え、ゴムベラでさっくり混ぜる。

◆アドバイス◆

2 マフィン型を天板にトントンとあて、生地の空気を抜きます。

3 カップケーキの温度が高いと、生クリーム(うさぎさんの体)がくずれやすくなります。

粉っぽさがなくなったら、バニラエッセンスを加えて混ぜたら生地のできあがり。

180℃のオーブンで30分焼く。

マフィン型にグラシンカップをしき、生地を八分目くらいまでスプーンで入れる。

竹串をさして生地がついてこなければ焼き上がり。

生地の上にジャムの果肉をのせる。

アドバイス2

粗熱がしっかりとれるまで冷ましておきましょう。

アドバイス3

◆ざいりょう◆
〈デコレーション用〉
・生クリーム……１５０㎖
・砂糖……大さじ½
・マシュマロ……６個
・チョコペン……２本
　（ピンクと茶色を１本ずつ）

◆どうぐ◆
・オーブンシート

◆アドバイス◆
4 チョコペンをつけるお湯は４０〜５０℃で。また、固めのクリームの方が、うさぎさんの体をしっかり作れます。

5 うさぎさんの口と目になるので、違う形にしてみても楽しいですよ

6 小さいマシュマロは転がりやすいので注意ください。

13 チョコペンをお湯につけてやわらかくする。生クリームを八〜九分立てにする。
アドバイス4

14 オーブンシートの上に茶色のチョコペンで数字の「３」と「●」を書く。
アドバイス5

15 マシュマロをナイフでななめ半分に切る。切った断面をピンク色のチョコペンでぬる。 アドバイス6

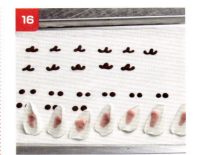

16 数字の「３」はうさぎさんの口、「●」は目、マシュマロは耳になります。

17 カップケーキの上にクリームをしぼる。

18 マシュマロの耳をのせ、口、目をおいたらできあがり。

14
Gâteau
au
Chocolat

ガトー・オ・ショコラ

ぼくはガトー・オ・ショコラ。フランス語で「チョコレートを使った焼き菓子」って意味だよ。見た目は真っ黒で硬そうだけど、食べると口の中でフワッととろけるよ。混ぜる作業がいっぱいあるけど、がんばってみて。きっとおいしいからさ。

◆つくりかた◆
バターと砂糖を混ぜ、溶かしたチョコレートと卵黄、メレンゲ、一緒にふるったココアパウダーと薄力粉を混ぜ、170℃で焼き上げます。

◆ざいりょう◆
直径15cmの丸型1台分
・卵黄（Lサイズ）……2個
・製菓用チョコレート（スイート）
　………………………………60g
・バター（食塩不使用）……60g
・砂糖……40g
・薄力粉……30g
・ココアパウダー……10g
・バニラエッセンス……適量
〈メレンゲ〉
・卵白（Lサイズ）……2個
・砂糖……20g

◆どうぐ◆
・丸型（直径15cm）
・ボウル（大）2個
・耐熱ガラスボウル
・泡だて器
・ゴムベラ
・ハンドミキサー

◆アドバイス◆
・バターと卵は常温に戻しておく
・薄力粉とココアパウダーを合わせて粉ふるいでふるっておく
・オーブンは170℃に予熱する
・型にオーブン用シートをしく

卵を卵黄と卵白に分ける。

大きめのボウルに卵白を入れ、ハンドミキサーでメレンゲを作る。最初は低速で泡だてる。

ハンドミキサーの速度を中速にして泡だてる。

砂糖を2～3回に分けて加えながらハンドミキサーの速度を上げ、ピンと角がたつまで泡だてる。

常温に戻しておいたバターを別のボウルに入れ、砂糖を3回に分けて入れる。泡だて器でふんわりするまで混ぜる。

チョコレートをレンジ対応の耐熱ボウルに入れ、電子レンジで1分加熱し、溶かす。

63

◆アドバイス◆
1 メレンゲは時間が経つごとに泡がしぼんでいきます。

5に溶かしたチョコレートを加える。

卵黄が混ざったら、バニラエッセンスを2滴入れる。

生地がなめらかになるまで混ぜる。

メレンゲを2回に分けて加える。まずは半量を泡だて器でしっかり混ぜる。
アドバイス1

なめらかなクリーム状になったら1で分けておいた卵黄を入れる。

残りのメレンゲは、ゴムベラに持ちかえ、泡をつぶさないよう、底からすくうように優しく混ぜる。

◆アドバイス◆

2 ガトーショコラの焼き立ての状態は、中心がトロッとしています。焼け具合の確認は竹串を刺してみてではなく、中心をさわって確認します。

3 粗熱をしっかりととらないで粉砂糖をふりかけると、熱で粉砂糖がとけてしまいます。

ふるっておいた薄力粉とココアパウダーを加えてゴムベラで混ぜる。

170℃に予熱したオーブンで30分ほど焼く。中心をさわって弾力があればOK。 アドバイス2

粉っぽさがなくなるまで混ぜる。

粗熱がとれたら型からはずす。

オーブン用シートをしいておいた型に流し入れる。

食べる直前に粉砂糖をふりかけて、できあがり。
アドバイス3

15 Cut-out Cookies

型抜きクッキー

ぼくはさっくさくのクッキー、おやつにぴったりの人気者だよ！材料を混ぜたら好きな形で型抜きして楽しもう。ココアや抹茶などを加えたらどんどん仲間が広がっていくよ。たくさんできるから、おともだちにプレゼントするのも楽しいよ。

ひつようなじかん **210分**

むずかしさ ★★☆

◆つくりかた◆
バター、砂糖、卵、薄力粉をよくまぜてクッキー生地を作ります。冷蔵庫で休ませてうすくのばし、好きな形に型抜きします。

◆ざいりょう◆
クッキー生地200g分
（焼きあがり13〜15枚分）
- 薄力粉……90g
- アーモンドパウダー……10g
- バター（食塩不使用）……45g
- 粉砂糖……35g
- 卵……20g
- 塩……ひとつまみ

◆どうぐ◆
- ボウル
- 泡だて器
- ゴムベラ
- 粉ふるい
- オーブン用シート
- めん棒
- 好きなクッキー型

◆アドバイス◆
- バターは常温に戻しておく
- 卵は常温に戻し、割りほぐしておく
- 薄力粉はふるっておく
- オーブンは170℃に予熱する

1 常温に戻しておいたバターをボウルに入れ、ゴムベラでクリーム状になるまで混ぜる。

2 **1**に粉砂糖と塩を加えて、さらによく混ぜる。

3 溶いておいた卵を**2**に2回に分けて入れて、泡だて器でそのつどよく混ぜる。

4 ふるっておいた薄力粉とアーモンドパウダーを**3**に入れ、ゴムベラで切るように混ぜる。

5 全体が混ざったら生地をひとまとめにする。

6 大きめに切ったラップにのせ、手でおして四角くのばす。まわりのラップで包み、冷蔵庫で2時間以上休ませる。

◆アドバイス◆

1 このように薄く粉をふることを「打ち粉」といいます。もし強力粉がなければ薄力粉でも代用できます。

2 生地は少しのばしたら９０度回転させて、そこからまたのばしていくときれいに広がります。
めん棒ガイド（アクリルーラー）などを使い、均一な厚みになるように。

3 生地がやわらかくなって、のばしにくくなったら、再び冷蔵庫で休ませます。

4 オーブンによって焼き色が強くつく場所とつかない場所があるので、様子を見ながら反転させたり、段を変えたり調節しましょう。

7

オーブン用シートをしいて薄く強力粉をふり、ラップを外した6の生地をのせる。生地の上にも強力粉をふる。 アドバイス1

8

めん棒で３mmくらいの厚さにのばす。生地にラップをかけて冷蔵庫に入れ、１時間ほど休ませる。 アドバイス2

9

シートごと冷蔵庫から取り出し、生地を型でぬく。
アドバイス3

10

余った生地はひとまとめにしてのばし、冷蔵庫で３０分ほど休ませてから型で抜く。

11

型抜きした生地をオーブン用シートをしいた天板に並べ、１７０℃のオーブンで１３〜１５分焼く。 アドバイス4

12

シンプルでかわいらしいクッキーのできあがりです。

68

3色クッキー

230分　★★☆

◆つくりかた◆
薄力粉を5〜10%を減らし、ココアパウダーなどのパウダーに置き換えれば、カラフルなクッキーになります。

◆ざいりょう◆
・ココアパウダー……2g
・抹茶パウダー……2g
・いちごパウダー……2g
・薄力粉……28g
・アーモンドプードル……3g

※合計33gの粉類を合わせたものをそれぞれのボウルに用意します。それ以外の材料は、型抜きクッキーと同じです。

◆どうぐ◆
※型抜きクッキーと同じ

◆アドバイス◆
1 製菓材料店でいろいろなパウダーが売っています。試してみましょう。

1 ボウルを3つ用意し、アーモンドプードルの中にそれぞれのパウダーを入れてふるっておく。 アドバイス1

2 型抜きクッキーの作り方3まで同様に作り、生地を3等分し、（約33g）それぞれをボウルに入れる。

3 それぞれのボウルに、ふるっておいた粉類を入れる。ゴムベラ混ぜ、ひとまとめにして冷蔵庫で休ませる。

4 基本のクッキー5〜11と同様に作業を進め、オーブンで焼く。

5 1種類で作る場合は薄力粉85g、パウダー5gに変更します。

6 できあがり。

2色の生地で作る うず巻きクッキー

ひつようなじかん 230分

むずかしさ ★★☆

◆つくりかた◆
型抜きクッキーをアレンジして、ココアとプレーンの生地2色をくるくると巻いたうずまきクッキー。

◆ざいりょう◆
15枚程度
・ココア生地
（アレンジクッキーの作り方 5 を参考に分量通り）
・プレーン生地（P.67の分量通り）

◆どうぐ◆
・めん棒
・オーブン用シート
・定規
・包丁

◆アドバイス◆
・生地を作る
・オーブンを170℃に予熱する

1 空気が入らないように巻く。3 の生地をのせる時に卵白を塗るとのり代わりにもなる。

1 P.67〜69の作り方でプレーン生地とココア生地を作る。

2 ココア生地は20cm×20cmに、プレーン生地は17cm×20cmにのばす。

3 ラップを広げてココア生地をのせ、その上にプレーン生地をのせる。

4 生地の手前1cmをラップで支えながら折り込み、転がすようにきっちりと巻き、冷蔵庫で30分以上休ませる。 アドバイス1

5 8mmの厚さに切り、オーブン用シートの上に並べ170度で予熱したオーブンで18分焼く。

6 焼きあがったらケーキクーラーの上にのせ冷ます。

2色の生地で作る マーブルクッキー

230分　★★☆

◆つくりかた◆
型抜きクッキーをアレンジして、ココアとプレーンの生地2色を混ぜ合わせたマーブルクッキー。

◆ざいりょう◆
15枚程度
・プレーン生地（P.67の分量通り）
・ココア生地
　（アレンジクッキーの作り方5を参考に分量通り）

◆どうぐ◆
・包丁
・オーブン用シート

◆アドバイス◆
・生地を作る
・オーブンを170℃に予熱する

1 ラップをしっかり巻きこの状態で1か月程冷凍できます。

1 P.67〜69の作り方でプレーン生地とココア生地を作り、3等分して並べる。

2 生地を手で上下左右に押して生地を一つにまとめる。

3 半分に切りたたんで、押しながらまとめる。2と3をさらに2回繰り返す。

4 もようが出てきたら直径3cmの棒状にととのえてラップに包み、冷蔵庫で30分以上休ませる。 アドバイス1

5 8mmの厚さに切り、オーブン用シートをしいた天板に並べ170度で予熱したオーブンで18分焼く。

6 焼きあがったらケーキクーラーの上にのせて冷ます。

4色の生地で作る りんごクッキー

◆つくりかた◆
イチゴパウダー、抹茶パウダー、ココアパウダーを混ぜた生地とプレーンの生地を使い、リンゴの形のクッキーを作ります。

◆ざいりょう◆
１５枚程度
・プレーン生地
・いちごの生地
　（Ｐ.６９作り方 5 を参考に同量作る）
・ココアの生地
　（薄力粉４３ｇ、アーモンドパウダー５ｇ、ココアパウダー２ｇ、バター以下は抹茶の生地と半量にする）
・抹茶の生地
　（薄力粉４３ｇ、アーモンドパウダー５ｇ、抹茶パウダー２ｇ、バター以下はココア生地の生地と半量にする）
・黒ごま……少々

◆どうぐ◆
・めん棒
・定規
・包丁
・クッキーの星形などの角があるもの

りんごは４種類の生地を上のように組み合わせて作ります。まず、P.69〜71を参考に４種の生地を作っておきます。

プレーン生地は直径２.５㎝、長さ２０㎝棒状にする。

その他の生地は厚さ５㎜程度で、写真のようなかたちに伸ばす。すべての生地をラップで包み、冷蔵庫に入れる。

割りばしやクッキーの星形のとがっている部分を使い、プレーンの生地に中心に５㎜くらいのくぼみを作る。

いちごの生地を 4 にぴったりと生地を包む。
アドバイス１

3 と同様にくぼみを作り、冷蔵庫で３０分程度休ませる。※上のくぼみにあわせて

◆アドバイス◆

1. 空気が入らないように巻く。生地をのせる時に卵白を塗ると、のりの役割になる。

2. 作業していない生地は冷蔵庫に入れ、生地がダレないようにしましょう。

7

ココア生地は１.５cmくらいの長さのものを２０個程度切り、冷蔵庫で休ませる。

10

くぼみをつけた部分に 7 のココア生地を枝に見立て置き、抹茶生地は葉っぱに見立て置く。 アドバイス2

8

抹茶生地を１cm幅にし、三角形を２０個程度切る。 7 と一緒に冷蔵庫で休ませる。

11

クッキー生地の中心に黒ごまをのせ、１７０度のオーブンで１８分程度焼く。

9

冷やしていた 6 を７mmの厚さに切り、天板に並べる。

12 できあがり

焼きあがったらケーキクーラーにのせて冷ます。できあがり。

16
Piped Cookies

しぼりだしクッキー

ぐるぐるうずまきのぼくはしぼりだしクッキー。型抜きクッキーの仲間だけど作り方は少し違うよ。袋に入れてギューギューとしぼってもらえたらいろんな形で誕生。米粉や豆乳を使ったサクサクの仕上がりなので、つい手が伸びちゃうかも？

ひつようなじかん 40分

むずかしさ ★★★

◆つくりかた◆
米油と卵、砂糖、豆乳を混ぜ、粉類を混ぜます。しぼり袋に入れ、ぐるっとしぼり、オーブンに入れて焼き上げます。

◆ざいりょう◆
約15枚分
・米粉……80g
・片栗粉……20g
・米油……30㎖
・卵……1個
・きび糖……40g
・豆乳……20㎖

◆どうぐ◆
・しぼり袋
・星口金
・ボール
・ゴムベラ
・泡だて器
・オーブンシート

◆アドバイス◆
・生地がかたいと、しぼる時に袋が破れてしまうことも。豆乳をちょっとずつ加えてかたさを調節してみましょう

ボウルに卵ときび糖を入れて泡だて器でよく混ぜる。

米油、豆乳を入れ、泡だて器でさらに混ぜます。

あわせておいた米粉と片栗粉を加え、ゴムベラで混ぜます。

粉っぽさがなくなるまで混ぜ、かたそうな時は豆乳を少し加えます。

しぼりやすいかたさになったら生地の完成です。ゆるい場合は米粉を少し加えます。

口金をセットする。しぼり袋の先端を切り、口金を入れます。

◆アドバイス◆

1. しぼり袋は、厚手のものを使いましょう。うすいと破れやすいです。また、生地を入れすぎないこと（7割くらいに）、片手でしぼること（もう一方の手はガイドに）が上手にしぼるコツです。

7 しぼり袋に生地を入れる。高さのある計量カップなどで支えると入れやすくなります。 アドバイス1

8 空気が入らないよう、口金のところまで生地を押しておく。

9 クッキングシートをしいた天板にしぼる。手の温度で生地がゆるくならないように。

10 焼いているときに生地同士がくっつかないよう、間隔をあけてしぼる。

11 160℃に予熱しておいたオーブンに入れ、15〜20分焼く。

12 焼きあがったらケーキクーラーに並べ、冷めたらできあがり。

ココア、抹茶のクッキー

◆つくりかた◆
基本のしぼりだしクッキーの生地にココアや抹茶パウダーを混ぜて焼き上げます。

◆ざいりょう◆
・ココアパウダー……2g
・抹茶パウダー……2g

◆どうぐ◆
・耐熱ボウル
・泡だて器
・オーブン用シート
・しぼり袋
・口金

1. しぼりだしクッキーの生地にココアパウダーを混ぜあわせます。

2. 同様に、しぼりだしクッキーの生地に抹茶パウダーを混ぜあわせます。

3. ココアの生地と抹茶の生地、それぞれをしぼり袋に入れます。

4. オーブンシートをしいたトレイに、生地をしぼっていきます。

5. しぼり終えたら、予熱していた160℃のオーブンで15〜20分焼きます。

6. 焼きあがったらケーキクーラーに並べ、冷めたらできあがり。

ホットケーキやシュー生地はなぜ膨らむ？

◆書いた人◆　ゆずこ

　ふっかふかのホットケーキに、カスタードたっぷりのふわふわシュークリーム。おやつの定番として何気なく食べているこの2つがどうして膨らむか、知っていますか？「なんでだろう？」と思ったあなた。お菓子の科学の世界にようこそ！今回は、身近なお菓子が科学の力で膨らむしくみを学びましょう。

　ホットケーキもシュークリームもフライパンやオーブンで「加熱して膨らむ」という共通点がありますが、実は膨らむしくみは違うのです。

ホットケーキやカップケーキが膨らむしくみ

　ホットケーキミックスやカップケーキの材料に使われているベーキングパウダーには、重曹（炭酸水素ナトリウム）が含まれています。この重曹は、生地を膨らませる大切な役割を持っています。では、どのようにして生地をふくらませるのでしょうか？

　重曹は加熱されると分解し、「炭酸ナトリウム」「二酸化炭素」「水」に変わります。このとき発生する二酸化炭素が生地の中に小さな気泡を作り、その気泡が生地をふんわりと膨らませます。ホットケーキを焼いていると、表面に小さな穴がぶつぶつとできることがありますが、これが二酸化炭素が外に出た証拠です。

　こうして、ホットケーキやカップケーキは空気を含んだふわふわの食感が生まれます。

シューが膨らむしくみ

　シュー生地は、水と油脂（バターなど）を沸騰させたところに小麦粉を加えて混ぜることで作ります。この生地にはたくさんの水分が含まれており、高温で加熱されると水分が蒸発して水蒸気になります。生地の中で生じた水蒸気が、蒸気の圧力で生地を押し上げるため、シュー生地は大きく膨らみます。こうして、中に空洞ができ、キャベツのようなふっくらした形になります。

　このため、シュークリームがきれいに膨らむには、生地の中に水分がしっかり残っていることがとても大切です。生地を作るときに水分が蒸発しすぎないように、手早く作業するのがきれいなシュークリーム作りのコツです。

　このように、ホットケーキは重曹の化学反応、シュークリームは水蒸気と、まったく違うしくみで膨らみます。このほかにも、生地が膨らむしくみには、パン作りで使われるイースト菌などの微生物による膨らみもあります。

お菓子作りは好奇心を育む

　「なんでだろう？」と疑問を持ち、しくみを知ると、作る過程で気をつけるポイントや自分ならではのアレンジができるようになるため、さらにお菓子作りが楽しくなるはずです。もちろん、親子で行えばお子様が科学に興味を持つきっかけにもなります。一緒に「なんでだろう？」と考えながらお菓子作りを楽しむことで、好奇心や学ぶ楽しさを育むことができます。今回はホットケーキやシュークリームの生地が膨らむしくみを学びましたが、他のいろんなお菓子にひそんでいる疑問や秘密も調べて、楽しいお菓子作りライフを！

参考
柳沢幸江・柴田圭子『調理学 改訂第2版』（アイ・ケイコーポレーション、2016年）

Chapter 4

プロみたいな
ケーキに挑戦

特別な日に作りたい、本格的なケーキたち。
しっかり準備して挑戦してみましょう

17
Strawberry Parfait

ストロベリーパフェ

お菓子のアイドルといえば？そう、私、ストロベリーパフェ。だって、見た目も味も特別でしょ？ふわふわのクリーム、甘酸っぱいイチゴ、そしてサクサクのクッキーや冷た〜いアイスクリーム。どのお菓子を仲間にするかはあなたが決めてね！

ひつようなじかん 30分
むずかしさ ★★★

◆つくりかた◆
生クリームやイチゴと、バニラアイスなど、お気に入りのおかしやフルーツを組み合わせ、自分だけのパフェを作ります。この本で学んだいろいろなおかしが大活躍します。

◆ざいりょう◆
2人分
・生クリーム……100㎖
・砂糖……大さじ½
・市販のホワイトチョコレート…20g
・チョコチップ……大さじ1
・いちご……8個
・いちごジャム……適量
・クッキー……4枚
・アイスクリーム……60g

◆どうぐ◆
・ハンドミキサー
・ボウル
・バット
・パフェグラス2個
・なべ
・ゴムベラ
・オーブン用シート
・しぼり袋
・口金

◆アドバイス◆
・パフェグラスは冷蔵庫で冷やしておく

1 まずは飾りのチョコレートから。フライパンに水（深さ2～3㎝）をはり、お湯を準備します。

2 耐熱ボウルに刻んだホワイトチョコレートを入れ、湯せんにかける。

3 スプーンで混ぜてなめらかになるまで溶かす。

4 バットの上にオーブン用シートをしき、溶かしたチョコレートをスプーンですくって丸く広げる。

5 スプーンでのばして写真のような形にする。冷蔵庫に入れて冷やし固めておきます。

6 ボウルに生クリーム、砂糖を入れて八分立てにする。口金をつけたしぼり袋に入れ、冷やしておきます。

◆**アドバイス**◆

1. パフェ作りでは、グラスの底に甘さや酸味のあるものを置くことが多いです。ここではジャムが土台になり、全体の味を引き締めます。

2. クッキーやチョコレートを入れることで、食感にアクセントを加えています。いろいろな食感が楽しめると、飽きずに食べ続けられます。

3. きれいなパフェを作るコツは、グラスの側面を意識すること。いちごの断面をグラスの側面に沿うように置くことで華やかな見た目になります。

いちごは洗ってナイフでへたを取り、半分に切っておく。

グラスを用意してジャムを入れる。
アドバイス1

生クリームを入れる。生クリームをぐるぐるとグラスにしぼる。

生クリームの上にチョコチップを大さじ1/2 ずつ入れる。

クッキーひとり1枚を食べやすい大きさに割って入れる。
アドバイス2

半分に切っておいたいちごを断面が見えるようにグラスに並べる。
アドバイス3

82

◆アドバイス◆

4 アイスクリームを飾るときは、水でぬらしたスプーンですくうと盛りつけやすくなります。

5 パフェグラスがない場合はおうちにある平たいお皿にもりつけても。

・いちごパフェではこの本で解説した、ジャム、アイスクリーム、クッキーを使いました。
これ以外にも、プリン、ガトーショコラ、シュークリームなど、本で学んだおかしを自由に組み合わせ、オリジナルのパフェ作ってみてくださいね。

13 いちごのすき間をうめるように生クリームをぐるりとしぼる。

14 アイスクリームをスプーンで丸くすくい、生クリームの上にのせる。
アドバイス4

15 アイスの上に生クリームをしぼる

16 生クリームの上にクッキーをおく。

17 クッキーの上に生クリームをしぼり、チョコチップ、いちごをのせる。

18 ホワイトチョコレートをトッピングしたらできあがり。
アドバイス5

18
Victoria Sponge

ビクトリアケーキ

わたくしはビクトリアケーキ。100年以上前のイギリスで生まれたの。ビクトリア女王が大好きだったからそう名付けられたのよ。ジャムとバタークリームをサンドしたシンプルな味わいは紅茶にピッタリ。素敵なティータイムのお供にしてね。

◆つくりかた◆
バターケーキ生地をつくり、クリームとジャムをサンドします。粉の分量を少し多めにした、作りやすいレシピです。

◆ざいりょう◆
丸型1台分
・バター（食塩不使用）……100g
・グラニュー糖……100g
・卵（Mサイズ）……100g
・薄力粉……140g
・ベーキングパウダー……小さじ1
・牛乳……20g

◆どうぐ◆
・ボウル
・粉ふるい
・ゴムベラ
・ハンドミキサー
・丸型（直径15㎝）
・オーブン用シート
・ケーキクーラー

※バタークリームとジャムについてはレシピの後半（P.87）に掲載しています。

◆アドバイス◆
・バターと卵は常温に戻しておく
・薄力粉とベーキングパウダーを合わせ、粉ふるいでふるっておく
・オーブンは170℃に予熱する
・型にオーブン用シートをしいておく

ボウルに常温に戻しておいたバターとグラニュー糖を入れて、ハンドミキサーで混ぜる。

バターが白っぽくふんわりするまでしっかり混ぜる。

2に溶いておいた卵を少しずつ分けて入れ、そのつどよく混ぜる。

3のつづき。卵を一度に多く入れてしまうと分離するので、少しずつ加えること。

ふるった粉類を加え、ゴムベラでさっくりと混ぜる。

少し粉っぽさが残っている状態で牛乳を加える。

85

◆アドバイス◆

1 生地を型に入れた後にトントンするのは、生地の中に入り込んだ大きな気泡（あわ）を取りのぞくため。この動作をすることで、生地の中に大きな穴ができるのを防ぎ、見た目もきれいになります。
生地を型のすみずみまで行き渡らせ、表面を平らにする効果もあります。
ただし、強くやりすぎると生地の泡が潰れてしまうことがあるので、2～3回、軽くトントンするだけで十分です。

7 粉っぽさがなくなるまで、切るように混ぜる。

10 竹串をさして生地がついてこなければオーブンから取り出す。

8 オーブンシートをしいた型に流す。型を台に軽くトントンと打ちつけて、平らにならす。 アドバイス1

11 ミトンをはめて、ケーキクーラーの上にひっくり返して置き、型から外します。

9 170℃に予熱したオーブンで40分ほど焼く。

12 オーブン用シートをはずし、粗熱がとれるまで冷ます。

86

バタークリームと
ジャム

◆ざいりょう◆
・バター(食塩不使用)……50g
・粉糖……50g
・いちごジャム……50g
・粉糖(仕上げ)……適宜

◆どうぐ◆
・ボウル
・ハンドミキサー
・ナイフ
・ゴムベラ
・茶こし

◆アドバイス◆
2 バタークリームを使わずにジャムだけをはさむのが伝統的なビクトリアケーキのスタイルとも言われています。

13
常温にしておいたバターをハンドミキサーで混ぜる。

14
粉糖を2回に分けて入れながら混ぜる。なめらかなクリーム状に。

15
半分の厚みになるようにスポンジを切る。

16
下側のスポンジの断面にバタークリームをぬる。
アドバイス2

17
4の上にジャムをぬる。

18
上側のスポンジをのせて、粉糖をふったらできあがりです。

19 Strawberry Shortcake

いちごのショートケーキ

わたしはいちごのショートケーキ。お祝いの日といえば、わたしの出番！ふわふわのスポンジケーキを、あま～い生クリームで真っ白にお着替えさせてね。最後に真っ赤なイチゴでオシャレなわたしのできあがり！笑顔で食べてもらえますように。

ひつようなじかん 80分

むずかしさ ★★★★

◆つくりかた◆
卵と砂糖、薄力粉、バターを混ぜたらオーブンで焼き、ホイップした生クリームと真っ赤ないちごを飾って完成。

◆ざいりょう◆
ケーキ1台分（直径12cm）
・卵（Lサイズ）……1個
・グラニュー糖……30g
・薄力粉……35g
・牛乳……10mℓ
・バター（食塩不使用）……10g
〈シロップ〉
・グラニュー糖……20g
・水……20mℓ
〈生クリーム〉
・生クリーム（36%）……200mℓ
・グラニュー糖……20g
〈デコレーション用〉
・いちご……8個

※どうぐはP.90に

◆アドバイス◆
・薄力粉をふるっておく
・丸型にオーブンシートをしく
・オーブンは170℃に予熱しておく

1 ボウルに卵、グラニュー糖を入れ湯せんしながら泡だて器で混ぜる。

2 白っぽくもったりし、持ち上げた時にリボン状にひらひらと落ちるまで混ぜる。

3 湯せんからボウルを外し、薄力粉をいれ、ゴムベラで底から持ち上げるようにさっくり混ぜる。

4 耐熱ボウルで牛乳とバターを入れ湯せんにかけ、3の生地をひとすくい加えて混ぜる。

5 4の生地を3のボウルに散らすように加え、全体をまんべんなく混ぜる。

6 オーブン用シートをしいた型に5を流し入れ、170℃のオーブンで20分焼く。

◆どうぐ◆
・包丁
・丸型（直径１２㎝）
・ケーキクーラー
・耐熱ボウル
・ゴムベラ
・ハンドミキサー
・泡だて器
・パレットナイフ
・ハケ
・オーブン用シート
・しぼり出し袋、口金

◆アドバイス◆
1 焼きあがった型を１０㎝くらいの高さから落とすと焼きちぢみを防げます。
オーブン用シートごと逆さにしたまま取り出し、そのまま冷まします。清潔な布巾をかけておくと乾燥を防げます。

2 泡だてすぎるときれいなデコレーションができなくなるので、心配な方は七分立てにしておく。

オーブンから取り出し、１０㎝くらいの高さから一度落とす。型から外して冷まします。 アドバイス1

耐熱ボウルにグラニュー糖と水を入れ、レンジで５０秒加熱し、砂糖を溶かします。

ボウルに生クリームとグラニュー糖を入れ氷水で冷やしながら八分立てに泡だてる。 アドバイス2

いちごのヘタをとり除く。４個は縦半分に切ります（スポンジの間にいれるいちご）。

高さ半分のあたりにつまようじを数本刺す。

ゆっくりとていねいに切る。

◆アドバイス◆

3 生地にシロップを塗ることで生地と生クリームがなじみやすくなります。

4 パレットナイフは、スプーンの背やゴムベラでも代用できます。

5 いちごを並べる時にスポンジの中心を空けておくと、切るときに安定します。ひとつおいたらその反対に2つめを。3つめと4つめはその中間に。間をうめるように5〜8つめのいちごを置くと均等に並びます。

スポンジの表面と断面それぞれに 8 のシロップを塗る。
アドバイス3

お皿にスポンジの下半分を置き、パレットナイフで 9 のクリームを塗る。
アドバイス4

いちごが半分以上隠れるくらいの厚みが必要です。

半分に切ったいちごをのせる。切り口を下にし、円になるように並べます。
アドバイス5

いちごの上からさらに生クリームを厚めに塗り、均一に整える。

残りのスポンジの断面が下になるようにかぶせる。

◆アドバイス◆
6 しぼる時の生クリームの硬さはスポンジを塗るときより少し硬い方がしぼりやすいです。なので、八分立てに戻すよう泡だてています

ケーキの回転台
本格的にケーキ作りを楽しむ場合は、ケーキの回転台を用意するのもおすすめ。これは、ケーキをデコレーションするときに使う、くるくる回る台のこと。台の上にケーキを置き、手を動かさずにケーキを回転させながらクリームを塗ったり、模様をつけたりできるので、とても便利。高さが少しあるため、作業もしやすくなります。
フルーツを並べたりしぼり袋で模様をつけたりするときも、ケーキを回せると手元が安定して、仕上がりがきれいになります。

生クリームを塗っていきます。上面からスタート。

側面にも塗っていきます。

スポンジが隠れるように、均一に塗る。

残りの生クリームをもういちど泡だてる。しっかりとツノが立つように。
アドバイス6

23のクリームを口金がついたしぼり袋にいれる。

クリームをスポンジの表面の端にしぼる。

92

◆アドバイス◆

7 できあがったケーキをすぐに食べない場合は冷蔵庫に保存できます。ケーキが乾かないよう、高さが充分にある大きめのボウルをかぶせてから入れましょう。

少し冷蔵庫で休めることで生クリームとスポンジがなじみ、できたてとはまた違うおいしさが味わえます。

同じようにしぼっていきます。ぐるりと1周。

真ん中にいちごを4個飾ります。

しぼり袋に残っているクリームを中央にしぼったらホールケーキの完成。

スポンジの下にパレットナイフやケーキサーバーを差し込みケーキを持ち上げ、まな板に移す。

温めたナイフで、お好みの大きさに切りましょう。

きれいに切り分けるところまで完成。できあがりです。

アドバイス7

20 Baked Cheesecake

ベイクドチーズケーキ

こんがり焼けたベイクドチーズケーキ！じっくり時間をかけて焼くのがおいしさのひみつ。オーブンの中で少しずつ色が変わっていくぼくを、みんながかわいいって言うんだよね。じっくり冷やしてねっとり系、焼きたてのふんわり系、どっちもおいしいよ。

ひつようなじかん **70**分

むずかしさ ★★★☆☆

◆つくりかた◆
柔らかくしたクリームチーズ、卵、グラニュー糖、生クリーム、少量の薄力粉を混ぜ、ビスケット生地をしいた型に流して焼きます。

◆ざいりょう◆
丸型1台分
- クリームチーズ……200g
- グラニュー糖……85g
- 卵（Mサイズ）……3個
- 生クリーム……200㎖
- 薄力粉……大さじ2
- 市販のビスケット……100g
- バター（食塩不使用）……50g

◆どうぐ◆
- 丸型（直径21㎝）
- オーブン用シート
- 泡だて器
- 粉ふるい
- こし器
- めん棒

◆アドバイス◆
- バターは湯せんか電子レンジで加熱して溶かしバターを作っておく
- クリームチーズ、卵は常温に戻しておく
- 卵は割りほぐしておく
- オーブンは170℃に予熱しておく
- 型にオーブン用シートをしいておく

1 ポリ袋にビスケットを入れ、めん棒で細かく砕く。

2 ボウルに砕いたビスケットを入れ、溶かしバターを加えてゴムベラで混ぜる。

3 全体がしっとりするまで混ぜる。

4 オーブン用シートをしいた型に３を入れる。

5 スプーンの背などで表面を平らにし、冷蔵庫で15分ほど休ませる。

6 ボウルにクリームチーズを入れ、泡だて器でなめらかになるまで混ぜる。

◆アドバイス◆

1. ダマができてしまったら口当たりが悪くなるのでこし器でこすと滑らかになります。

2. 底が抜ける型は生地を流した後、動かしすぎると底から生地が流れ出てしまうので天板の上にのせてから流し入れます。

グラニュー糖を2～3回に分けて混ぜる。

薄力粉をふるいにかけながら加え、ダマにならないように混ぜる。

アドバイス1

割りほぐしておいた卵を2～3回に分けて混ぜる。

天板に型をのせ、10を流し入れる。

アドバイス2

全体が混ざったら生クリームを少しずつ加えよく混ぜる。

型を両手で持ち、軽くゆすって生地の表面を平らにならす。

◆アドバイス◆

3 ナイフをお湯で温め、キッチンペーパーなどで水気をふき取り、温かいうちにそっと切ります。

・ビスケット生地をしかずに焼くこともできます。その場合は底が抜けない型を使いましょう。

予熱しておいたオーブンで170℃で40分焼く。

オーブンから取り出し、そのまま粗熱を取り、冷蔵庫でひと晩冷やします。

型を缶などの上にのせ、押し下げてはずす。

底板とオーブン用シートの間にパレットナイフなどを入れ、底板をはずしたら、オーブンシートをはずします。

ケーキを切り分けます。ナイフをお湯で温めてから切ると断面がきれいに仕上がります。 アドバイス3

好みの大きさに切り、お皿にのせたらできあがり。

97

21
No-bake Cheesecake

レアチーズケーキ

ひんやりなめらかな口あたりのレアチーズケーキ。ゼラチンを使って冷やし固めるんだよ。ビスケットを砕いて作った台との食感の違いも楽しんでね。真っ白ぷるんなわたしに、フルーツやジャムをのせて、あなた好みに楽しんでほしいな。

ひつような じかん **40分**
むずかしさ ★★★★★

◆つくりかた◆
ビスケットで作った台にクリームチーズ、卵黄、グラニュー糖、生クリームで作った生地を流して冷蔵庫で固めます。

◆ざいりょう◆
丸型1台分
・クッキー……100g
・バター（食塩不使用）……50g
・クリームチーズ……200g
・グラニュー糖……120g
・卵黄……3個分
・生クリーム……200㎖
・牛乳……200㎖
・粉ゼラチン……10g
・水……大さじ2
・レモン汁……40㎖

◆どうぐ◆
・型（18㎝、底抜けの型）
・泡だて器
・ハンドミキサー
・ゴムベラ
・ボール
・めん棒

◆アドバイス◆
・卵、クリームチーズを常温に戻しておく

①バターは電子レンジで溶かし、溶かしバターを作っておきます。

②オーブン用シートにはあらかじめ型にしいておきます。

ポリ袋にビスケットを入れ、めん棒で細かく砕く。

ボウルに砕いたビスケットを入れ、溶かしバターを加えて混ぜる。
アドバイス1

型に①をしきつめ、表面を平らにする。冷蔵庫で冷やし固める。
アドバイス2

耐熱ボウルに水を入れ、粉ゼラチンをふりいれてふやかす。

牛乳は電子レンジで60秒加熱する。

ふやかしたゼラチンは電子レンジで30秒加熱し、④の牛乳と混ぜ合わせる。

99

◆アドバイス◆

3 卵黄を入れることでコクが出ます。卵はあらかじめ常温にしておきます。

4 クリームチーズが冷たいと、卵黄やゼラチンがなじまず、ダマになりやすいです。室温に出しておくのを忘れないようにしましょう。

5 とろみがつくまでゴムベラで静かにまぜます。

ボウルに卵黄とグラニュー糖を入れ、泡だて器ですり混ぜる。
アドバイス3

6 の粗熱が取れたら 7 液に少しづつ入れ、泡だて器でよく混ぜる。

別のボウルにクリームチーズを入れ、なめらかになるまで泡だて器でよく混ぜる。 アドバイス4

9 のボウルに 8 を少しずつ加え、全体を混ぜ合わせる。

しっかり混ざったらレモン汁を加え、全体を混ぜる。

11 のボウルに氷水をあて、ゴムベラで混ぜながら冷やす。
アドバイス5

◆アドバイス◆

6 フルーツを飾ったりおうちにあるジャムをつけて楽しんでみましょう。

・ここで使った型と同じようなはたらきをする道具もあります。
製菓材料店で売っているムースフィルムという透明なフィルム、底がないセルクルという型など。

13 ボウルに生クリームを入れ、氷水をあてながらハンドミキサーで六分立てにする。

16 15の型に14を流しいれ、冷蔵庫でひと晩冷やし固める。

14 11のボウルに12の生クリームを加え、ゴムベラでやさしく混ぜる。

17 型から外し、シートをそっとはがします。

15 3の型を冷蔵庫から取り出し、バットの上におく。

18 切り分けてお皿にうつし、お好みのジャムをのせたらできあがり。
アドバイス6

22
Cream Puffs

シュークリーム

名前の由来は、形がキャベツに似てるから。そんなに似てる？ぷく〜とふくらんだ生地とカスタードクリーム、これだけでもおいしいけれど、お粉糖でキラキラにしてくれたらうれしいな！ちょっとしたコツが必要だけど、がんばって作ってみて。

ひつような じかん 80分
 むずかしさ ★★★★★

◆つくりかた◆

なべに牛乳、バター、砂糖、水、塩を入れ沸騰したら薄力粉と卵を入れシュー生地を作り、カスタードクリームを中に入れます。

◆ざいりょう◆

〈シュー生地〉
- バター（食塩不使用）……30g
- 牛乳……40㎖
- 水……30㎖
- グラニュー糖……3g
- 塩……ひとつまみ
- 薄力粉……45g
- 卵……1.5個（80g）

◆どうぐ◆

- なべ
- ボウル
- しぼり袋と丸口金
- ボウル
- 泡だて器
- ゴムベラ
- こし器
- きりふき
- オーブン用シート

◆アドバイス◆

1 見極めるポイントが少し難しいですが、卵を一度に全部入れないように。最後は慎重に入れ、逆三角形を確認します。

なべにバター、牛乳、水、グラニュー糖、塩を入れる。

中火にかけて、ゴムベラで混ぜる。沸騰したら、ふるっておいた薄力粉を加えます。

ゴムベラをすばやく動かしてしっかり混ぜる。

生地がまとまったら火をとめます。

生地をボウルにうつし、溶いておいた卵を少しずつ加え、ゴムベラでよく混ぜる。

ゴムベラを持ち上げ、生地の状態を確認します。
アドバイス1

◆アドバイス◆

2 口金を星形にかえ、15cmの円にしぼり、カスタードクリームとフルーツをはさむと「パリブレスト」という名前のおかしがつくれます。

3 しぼった生地にツノができてしまったら、指を水でぬらして平らにしましょう。

4 オーブンに入れたら途中で開けないこと。シュー生地がしぼんでしまいます。

口金をつけたしぼり袋にしぼり出しやすい量の生地を入れる。
アドバイス2

天板にオーブン用シートをしいて、間をあけながら 7 の生地を直径4cmくらいにしぼる。

同じ高さ、同じスピード、同じ力でしぼる。しぼりおわりは口金を回すようにはなす。 アドバイス3

きりふきで全体に水をかける。

予熱しておいた190度のオーブンで15分焼いて、170度に下げてさらに15分焼く。 アドバイス4

焼きあがったら、ケーキクーラーに取り出し、完全に冷ます。

◆アドバイス◆
5 カスタードクリームと生クリームを半分ずつしぼっても OK です。

冷やしておいたカスタードクリーム（P.106）をボウルに入れ、泡だて器で混ぜてなめらかにする。

口金をつけたしぼり袋に 13 のクリームを入れる。

シュー生地をナイフで切る。切る高さは半分より少し上で。

シュー生地の下部分にカスタードクリームをたっぷりとしぼる。
アドバイス5

しぼったクリームの上に生地の上部分をのせる。

茶こしで粉糖をふりかけたらできあがり。

105

カスタード
クリーム

◆ざいりょう◆
- 卵……3個
- 牛乳……400㎖
- グラニュー糖……50g
- 薄力粉……30g
- バニラエッセンス……3滴

◆どうぐ◆
- ボウル
- 泡だて器
- 小なべ
- ゴムベラ
- こし器

◆アドバイス◆
1 温めた牛乳をいちどに入れてしまうと卵が煮えて固まってしまいます。

ボウルに卵を入れて、泡だて器で溶きほぐす。

グラニュー糖を加えて混ぜる。

ふるっておいた薄力粉を加え、泡だて器で混ぜる。

なべに牛乳を入れて弱火にかけ、沸騰する直前まで温める。

3のボウルに4の温めた牛乳を少しずつ加えながら混ぜる。
アドバイス1

バニラエッセンスを3滴くわえて混ぜる。

106

◆アドバイス◆
2 バットの下に保冷剤か、氷水をあてると早く冷めます。

なべにこし器をのせ、6を流し入れてこす。

固まってきたら、泡だて器で勢いよく混ぜ続ける。いったん火からおろして混ぜ、再度火にかけても OK。

ゆっくりゴムベラでかき混ぜながら中火にかける。

中央にぷくっと大きな泡が出てきたら、火からおろす。

火が通ると急に固まりだすので、底からそぐように混ぜ、焦がさないようにする。

バットにラップをしき、熱いうちに11のクリームを広げ、上からぴったりラップをする。 アドバイス2

23 Yule Log

ブッシュ・ド・ノエル

フランスでクリスマスケーキといえばブッシュ・ド・ノエルじゃ。くるくる巻いたロールケーキにもようを付けて切り株に見立ててほしいのぉ。できあがったらツリーみたいな飾りつけも忘れんように。クリスマスにぜひ挑戦しておくれ。

ひつようなじかん **70分**
むずかしさ ★★★★★

◆つくりかた◆
泡だてた卵白に卵黄を加えココア味のロールケーキを作り、切り株の模様をつけクリスマスの飾りつけをしたら完成。

◆ざいりょう◆
〈ロール生地〉
・卵……2個
・グラニュー糖……60g
・薄力粉……40g
・ココア……10g
・牛乳……20㎖
・米油……10㎖
※ココアクリームの材料はP.111に掲載しています。

◆どうぐ◆
・ハンドミキサー
・泡だて器
・ボウル
・ゴムベラ
・粉ふるい
・カード
・ロールケーキの型
（ダイソーのオーブントレーワイド、28.5×20㎝の型）

◆アドバイス◆
・卵は卵黄と卵白を分けておく
・薄力粉とココアパウダーをあわせて粉ふるいでふるっておく
・オーブンを190℃に予熱しておく
・型にオーブン用シートをしいておく

1 ボウルに卵白を入れてハンドミキサーで軽く泡だてて、グラニュー糖を3回に分けて加える。

2 ツノが立つくらいの固さになるまでハンドミキサーで泡だてる。

3 卵黄を溶きほぐし、2のメレンゲに一気に加える。

4 泡だて器でさっと混ぜる。卵黄とメレンゲがすべて混ざっていなくてもOKです。

5 ふるった薄力粉とココアパウダーを混ぜ、泡だて器でぐるぐると15回くらい混ぜる。

6 粉が少し残っていても大丈夫です。

109

◆アドバイス◆

1. カードはあると便利な道具ですが、ない場合はゴムベラのまっすぐな部分を使って、同じように広げてみましょう。クッキングシートは天板より1、2cm高くなるようにしておくと安心です。

2. 熱いうちに側面のオーブン用シートをはがし、ケーキクーラの上にのせて冷まします。ロールケーキの生地は薄くて乾燥しやすいので、すぐに巻けない場合はラップやクッキングシートをかけておくと乾燥を防げます。

7 別のボウルに牛乳と米油を入れ、**6**の生地を少し加え、泡だて器で生地がなじむまで混ぜる。

10 カードを少し寝かせて奥から手前にむかって生地の表面を平らにならす。

8 **7**の生地をゴムベラで受けながら**6**のボウルに戻し入れ、下から持ち上げるように混ぜる。生地全体を均一に。

11 天板を高さ10cmくらいのところから台に落として空気を抜く。190℃に予熱したオーブンで10分程焼く。

9 オーブン用シートをしいた型に生地を流し入れ、カードなどで角まで生地を広げる。 アドバイス1

12 焼きあがったら天板ごと取り出す。
アドバイス2

110

◆ざいりょう◆

〈ココアクリーム〉
- 生クリーム……200㎖
  （脂肪分40〜42％）
- ココアパウダー……大さじ2
- グラニュー糖……大さじ2
- お湯……大さじ2
- ココアパウダー……適量
  （溶けないタイプ）

◆アドバイス◆

3 泡だて器で八分立てにするのは慣れていないと大変。ハンドミキサーで行っても大丈夫です。

4 手前と奥のクリームの高さを変えるときれいに巻けます。

ココアクリームを作る。ボウルにココアパウダーとグラニュー糖、お湯を入れ泡だて器でダマがないように混ぜる。

オーブン用シートを12の生地よりも大きめに切って用意し、12の焼き面が上になるようにのせる。

生クリームを少しずつ加え、泡だて器で混ぜる。

生地の奥側を1cm程度ななめに切り落とす。

八分立てになったら、冷蔵庫で冷やしておく。
アドバイス3

生地の真ん中に15のクリームを150g置き、四隅に向かってゴムベラで塗り広げていく。アドバイス4

111

◆アドバイス◆

5 もしあればシリコンのシートや１００円ショップなどで売っている滑り止めを使うと生地が滑りにくく、巻きやすいです。
巻き終わりは下にしておきましょう。

6 巻き終わったら長い定規などを、ロールケーキを巻いている紙の上から当て、下から出ている紙だけひっぱる。こうすることで巻いた生地がきゅっと締まります。もし巻くときに生地が割れてしまっても上からクリームを塗ってカバーすれば大丈夫です。

クリームは巻き終わりになる奥側を薄く、巻き初めの手前を３㎝くらいの高さに盛り、その他は厚みを均一にする。

手前の生地を少し巻いて芯を作り、オーブン用シートを手前から持ち上げ、芯に沿って一気に巻く。 アドバイス5

定規などを使って、生地の巻きをしっかり締めます。
アドバイス6

生地を巻き終わった時にはしから出ているクリームは生地の中に入れる。

全体をラップでしっかり巻き、冷蔵庫で３０分程度冷やしておく。

冷蔵庫に入れておいた15のクリームを取り出す。ゆるかったら、もういちど泡だて器でしっかり立てる。

◆アドバイス◆

7 ひっかきすぎるとクリームがはがれるので、フォークの筋は軽くつける。

8 押し切りするとケーキがつぶれてしまうので注意。また、お湯を使う時はやけどに気をつけよう。

9 フルーツや飾りなどのデコレーションは、お好きなもので。100円ショップやスーパーにもいろいろなものがあります。これらをお子さんと選ぶのもたのしい時間です。

・生地の作り方は、ショートケーキのように、全卵とバターを使った生地で作る方法（共立て）とここで紹介したブッシュ・ド・ノエルのように卵黄と卵白を分けてオイルで作る方法（別立て）があります。
配合や、材料によって食感が変わるのでその違いを知っておくとおかし作りの幅が広がります。

25 パレットナイフなどでケーキの周り全体に塗り広げる。

26 フォークで筋をつけて切り株のもようにして、冷蔵庫で1時間以上冷やす。
アドバイス7

27 ナイフをお湯で温め、水気を拭き、両端1cmほど切り落とし切った面がきれいに見えるようにする。 アドバイス8

28 上に飾るいちごは縦半分にカットしておく。クリスマスの飾りつけも用意する。
アドバイス9

29 茶こしでココアパウダーを全体に振りかける。

30 フルーツや飾りをつけたらできあがりです。メリークリスマス！

113

おとなといっしょに よんでみよう!
Column

子供に与えるおやつの工夫

◆書いた人◆　大田ちえこ

「砂糖が体に悪い」と聞いたことはありませんか？ これは、砂糖を摂取すると血糖値が急激に上昇し、その後急激に下降することが理由です。ここでは、砂糖が血糖値に与える影響や、子供におやつをあげる際のポイントについて解説します。

砂糖の種類と GI 値の特徴

砂糖にはさまざまな種類があり、代表的なものは以下の通りです。

- ・砂　糖　類：　黒砂糖、てんさい含蜜糖、和三盆糖、車糖（砂糖）、ざらめ糖、粉糖、液糖
- ・でんぷん糖類：　水あめ、ぶどう糖、果糖、異性化液糖（ブドウ糖果糖液糖）
- ・その他甘味類：　黒蜜、はちみつ、メープルシロップ

これらは、それぞれ GI 値（グリセミック・インデックス）によって分類されます。GI 値とは、食品がどれだけ血糖値を上昇させるかを示す指標で、高ければ血糖値が早く上がります。GI 値は、70 以上だと高い、55 以下だと低い、56 ～ 69 では中程度とされています。例えば、黒砂糖は GI 値が高く、てんさい糖は中程度。はちみつは種類によって GI 値が異なります。

血糖値の上昇は食べ方で変わる

GI 値が高い砂糖を含むおやつでも、必ずしも血糖値が急激に上がるわけではありません。例えば、タンパク質や油を含むおやつ（ケーキやクッキーなど）は、血糖値がゆるやかに上昇します。これは、食材の組み合わせによって糖の吸収が抑えられるからです。

血糖値が体に与える影響

砂糖を摂ると、腸で糖が吸収され、血糖値が上がります。これを感知した膵臓がインスリンを分泌し、血糖値を100mg/dl 程度に戻します。しかし、血糖値が急激に上がると、その後急激に下がりやすくなり、このときには、集中力が低下する、疲れやすくなる、情緒が不安定になるなどの影響がみられます。

砂糖を使ったおやつの工夫

砂糖を含むおやつを子供に与える場合でも、工夫次第で健康リスクを減らせます。例えば、食べる前にヨーグルトやナッツを食べさせると、タンパク質や脂肪が糖の吸収を緩やかにします。また、麦茶や豆乳を一緒に飲むと、砂糖の影響を和らげる効果があります。

血糖値が上がりにくいおすすめのおやつ

GI 値が低いもの：野菜チップス、干しいも、牛乳やクリームを使ったアイスクリームなど。

自然由来の甘味料：メープルシロップやはちみつ（種類による）も上手に活用できます。

甘いおやつは子供にとって特別な楽しみです。気分転換やリフレッシュの時間としても大切な役割を果たします。GI 値が高いおやつを完全に禁止する必要はありませんが、与え方や頻度を工夫すれば、健康を損なわずにおやつを楽しむことができます。

参考
細川 モモ、宇野 薫『成功する子は食べ物が 9 割』（主婦の友社、2017）
大田百合子、堤ちはる『子供の食と栄養 第 2 版』（羊土社、2020）

Chapter 5

おかし作りの材料と道具

おかし作りが楽しくなる
材料や道具の豆知識

おかし作りの道具と材料

この本で使う基本の材料

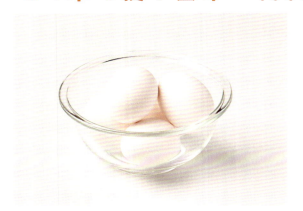

たまご
ふくらみやコクを出す材料。泡だててふんわり、溶いてしっとり。新鮮なものを使い、温度管理に注意しましょう。

砂糖類
きび糖は薄茶色でコクがあり、グラニュー糖は白くサラサラ。砂糖類を使い分けると、おかし作りがさらに楽しくなります。

薄力粉
生地の基本。ふるってダマを防ぎ、ふんわり仕上げましょう。種類によって食感が変わるので、レシピに合わせて選びます。

バター
風味とコクをプラス。溶かす、練る、冷やすで仕上がりが変わる。無塩バターが基本です。やわらかさを調整して使います。

ホットケーキミックス
初心者向けの便利な粉。ふくらみや甘さが最初から調整済み。ベーキングパウダー入りなので、追加する量に注意。

ベーキングパウダー
生地をふくらませる膨張剤。粉と一緒にふるって均一に。湿気を吸いやすいので、しっかり密閉して保存しよう。

チョコペン、チョコチップ
デコレーションや混ぜ込みに。温めたり、そのまま使ったり。チョコペンは湯せんで柔らかくし、使いやすい温度に。

牛乳
牛乳はおかし作りにも活躍。生地をなめらかにし、しっとり感を出す。温めて使うことも。種類によって風味が違う。

生クリーム
コクを加えたり、ホイップしてふんわり感を出します。脂肪分の違いで仕上がりが変わるので、用途に応じて選ぼう。

ココアパウダー
チョコ風味を加える粉。純ココアと調整ココアがあります。ダマになりやすいので、ふるってから混ぜるとよい。

バニラエッセンス
香り付けに使う。ほんの数滴で風味がアップします。入れすぎると香りが強くなりすぎるので注意しましょう。

レモン汁
酸味を加えたり、生地をふんわりさせる効果があります。少量でも味が変わるので、レシピ通りに使いましょう。

ゼラチン
ゼリーやムースを固める材料。水でふやかしてから使います。加熱しすぎると固まらないので、温度管理に注意。

おかし作りの道具と材料

この本でよく使う道具

おたま
液体をすくう道具。生地を流し入れるときに便利。熱に強い素材を選び、使用後はしっかり洗いましょう。

キッチンタイマー
焼き時間や発酵時間を管理するために使う。見やすいデジタル表示で音が大きめのものが便利です。

なべ
クリームやシロップを作るときに使用。厚手が焦げにくい。熱伝導の良いものを選び、持ち手の安全性も確認。

バット
材料の下ごしらえやチョコのテンパリングに活躍。ステンレス製が衛生的で、サイズ違いを揃えると便利。

泡だて器
生地を混ぜたり、卵やクリームを泡だてる道具。持ちやすい長さを選び、使用後はすぐに洗いましょう。

へら（ゴムベラ）
ゴムベラは生地をすくい混ぜるのに便利。木べらは丈夫で炒め作業も。使用後はしっかり乾燥させましょう。

粉ふるい
薄力粉やココアをふるい、ダマを防いで生地を均一にする。目が細かいものを選び、使用後はすぐに洗って乾燥。

茶こし
少量の粉をふるったり、仕上げにココアや粉糖を振るう。細かい目のものが便利。詰まりやすいので洗浄を忘れずに。

めん棒
クッキー生地やパイ生地を均一に伸ばす道具。木製やシリコン製があり、こまめに手入れすることが大切です。

ロールケーキ型（天板）
ロールケーキの生地を均一に焼くための浅い角型の天板。熱伝導の良いものを選び、オーブンシートを敷いて使います。

マフィン型
マフィンやカップケーキを焼くための型。シリコン製や金属製があり、油を塗ると取り出しやすいです。

パレットナイフ
クリームを塗ったり、生地を平らに整えたりする道具。長さや形を用途に合わせて選び、先端に注意して扱いましょう。

ケーキクーラー
焼き上がったお菓子を冷ますための網。熱に強く、通気性の良いものを選び、使用後は清潔に保ちましょう。

カード（スケッパー）
生地を切り分けたり、ボウルの中の材料を集めるのに便利。プラスチック製が扱いやすく、角に注意して使おう。

はけ
焼き菓子にシロップを塗ったり、型にバターを塗るための道具。シリコン製は洗いやすく、毛の抜けにくいものを選ぶ。

きりふき
パンや焼き菓子の水分調整に使う。均一に水を吹きかけられる。清潔に保ち、水はこまめに入れ替えることが大切です。

ケーキ回転台
クリームを塗るときにケーキをスムーズに回せる台。安定感のあるものを選び、使用後はクリームをしっかり拭き取る。

パンこね台
パンやクッキーの生地をこねたり伸ばしたりする作業台。滑りにくく、洗いやすい材質を選び、使用後は清潔に。

おかし作りの道具と材料

ボウルについて

ボウル
材料を混ぜたり泡だてたりする基本の道具。アルミやステンレスは軽くて丈夫。使用後はすぐに洗い、清潔に保つこと。

耐熱ガラスボウル
レンジや湯せんができる透明なガラスのボウル。耐熱温度を確認し、急冷・急加熱を避けて割れを防ぎましょう。

小さな耐熱容器
下ごしらえやソース作り、ゼリー型にも便利な耐熱容器。耐熱温度を確認し、使用後は傷つかないようていねいに洗う。

安全なおかし作り

ミトン
熱い天板やなべを安全に持つための必需品。耐熱性が高く、手にフィットするものを選び、使用後は清潔に保つ。

ハンドミキサー
手早く泡だてや生地作りができる電動道具。コードの扱いに注意し、使用後は刃や本体を安全に拭きましょう。

刃物（包丁やナイフ）
材料を切る基本道具。滑りにくい柄を選び、使用時は指を守る。使い終わったらすぐに洗い、乾燥させましょう。

丸型にオーブンシートをしく

丸型
ケーキやタルトに使う基本の型。底取れ式は取り出しやすく、シンプルな型は扱いやすい。材質やサイズはいろいろ。

焼き方、型はずし
生地を均一に流し入れ、トントンして空気を抜く。焼けたら粗熱をとり、ナイフで側面をはがしてからそっと外します。

オーブンシートのしき方
型に合わせてオーブンシートをカットする。底用は型より少し大きめの円形に、側面用は型の高さ＋1㎝ほどの長方形に切る。型の内側にバターを薄く塗り、シートを貼り付けて固定します。側面が浮く場合は、ハサミで数カ所切り込みを入れるとフィットしやすい。底取れ式の場合は、シートが動かないように底板をはめる前にしく。敷き方を工夫すると、焼き上がりの形がきれいになり、型外しもスムーズになります。

パウンド型にオーブンシートをしく

パウンド型
パウンドケーキや食パン作りに使う。熱伝導の良い金属製が一般的です。サイズや材質を用途に合わせて選びましょう。

焼き方、型はずし
生地を均一にならし、焼き時間はレシピ通りに。焼けたら型ごと冷まし、粗熱が取れたら側面をナイフで外します。

オーブンシートのしき方
型より一回り大きくオーブンシートをカットする。底と側面を一枚で覆う方法が一般的。四隅に切り込みを入れ、折り込んでぴったりしく。型の内側にバターを薄く塗ると、シートがずれにくくなります。別々にしく場合は、底用を型の大きさに合わせて切り、側面用は高さ＋1㎝の長方形にします。シートが浮かないよう、角をしっかり押さえるのがコツ。ていねいにしくことで、焼き上がりの形が整い、型からもスムーズに外せます。

おかし作りの道具と材料

クッキー作りの流れ

1 クッキー生地について
生地の材料はバターや砂糖、卵、小麦粉。冷蔵庫で休ませることで扱いやすくなり、焼き上がりがサクッとした食感に。

2 生地をのばす
冷やした生地を打ち粉をした台にのせ、めん棒でのばす。厚さは3〜5mmで。途中で生地が柔らかくなったら冷やす。

3 型をぬく
好きな形の型を生地に押し当て、しっかり抜く。生地がくっつく場合は、型に薄く打ち粉をすると綺麗に抜きやすい。

4 オーブンで焼く
天板に並べ、レシピ通りの温度で焼く。焼き色が均一になるよう、途中で天板の向きを変えるときれいに仕上がる。

いろいろな型がある
動物や星などの形が豊富。抜きやすい金属製や、柔らかく扱いやすいプラスチック製があり、用途に応じて選べる。

ルーラー
生地の厚みを均一にするための細長い板。両側に置いてめん棒を転がすと均等になる。割り箸や定規を使ってもOK。

122

クリームのしぼり方

1 しぼり袋と口金
生クリームをデコレーションするための道具。口金の形で模様が変わる。用途に応じて使い捨てとシリコン製を選ぶ。

2 クリームを入れる
7分立てがしぼりやすい。袋の半分まで入れ、上部をねじる。手の熱で溶けやすいので、冷やしながら作業しよう。

3 しぼり方のコツ
口金を生地に垂直にしてしぼる。ゆっくり動かし、最後は力を抜く。強く握りすぎるとクリームが出すぎるので注意。

クッキー生地のしぼり方

1 しぼり袋と口金
クッキー生地用のしぼり袋と口金は、固めの生地に対応した丈夫なものを。口金の形で仕上がりのデザインが変わる。

2 生地を入れる
バターが溶けないよう、冷やした生地を袋の半分まで入れる。しぼりにくい場合は、手で少し温めるとスムーズになる。

3 しぼり方のコツ
均一な力でゆっくりしぼる。生地が硬いときは袋をしっかり握り、手のひら全体で押す。生地がだれたら冷蔵庫で冷やす。

おかし作りの道具と材料

ケーキを6等分する

切る前の準備
ナイフを温めると、スムーズに切れ、崩れにくくなります。お湯で温めたら、水気をふきとることがポイントです。

6等分は難しい？
4等分や8等分は簡単ですが、6等分はバランスが難しいです。次の3〜6を参考にチャレンジしてみましょう。

中心に印をつける
中心にナイフを軽く当て、印をつけます。これが均等に切るための基準となり、次のカットがしやすくなります。

半分に切る
中心の印を目安に、ケーキを半分に切ります。ナイフを前後に動かしながら、ゆっくりと切るのがコツです。

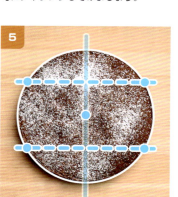
外側に印をつける
左右の生地をさらに半分に分ける位置に印をつけます。上下2つずつ、計4か所に軽くナイフを当て、目印を作ります。

対角線上に切る
中心を通るように、印を結ぶ対角線の位置でカットします。反対側も同じように切ります。きれいに6等分できました。

ラッピングのアイデア

ガラス瓶につめる
ガラス瓶を使えば、割れやすいクッキーもきれいに持ち運べます。瓶はしっかり消毒し、乾かしてから使うと安心です。

ふくろにつめる
シンプルな透明袋でも、クッキーの表面が見えるように入れるとおしゃれに。袋の口はワイヤータイなどでとめます。

キャンディ型に包む
おかしをワックスペーパーにのせ、透明シートで包みます。両端をねじり、ワイヤータイなどでとめるとキャンディ型に。

カップに入れて包む
カップに入れたおかしは、マチ付きの透明袋に入れます。袋の口を折りたたみ、二つ折りの紙をかぶせてホチキスで固定。

Staff list

スタッフリスト

みらいパティシエ／著

　「おかし作りの楽しさをもっと多くの人へ届けたい」と考えるスイーツ好きのチームです。プロのパティシエや栄養士、料理教室の講師、自宅でおかし作りを楽しむ保護者など、さまざまなバックグラウンドを持つメンバーが結集し、それぞれの専門性を活かして本書を執筆しました。

　チームの目標は、単なるレシピの提供にとどまらない「作る喜び」と「食べる幸せ」を伝えること。レシピ開発や書籍執筆のほか、食の大切さや楽しさを体験的に学べる食育イベントやワークショップも企画しています。

　みらいパティシエの活動は「オレンジページの学校」から生まれました。活動への参加に興味のある方はこちらをご覧ください。

https://school.orangepage.net/lessons/9285/

momo ／イラスト

　京都教育大学美術科教育学科卒。妊娠期のトラブルと子育てで不調になったとき、癒やしを求めて子どものころから好きだった水彩画を描きはじめる。パンやタルトなど、主に自分の食べたおいしいものを描き、書籍の挿絵やグッズ、商品パッケージのイラスト制作など幅広く活動中。

https://momoillustration.net/

デザイン：坂本 亜樹（デザイン室 白鳥と暮らす）
写　　真：太田 笙子
編　　集：村元 小夜子
　　　　　小谷野 睦美（株式会社オレンジページ）
　　　　　泉 勝彦（株式会社オレンジページ）

Chapter2

1　はじめてのプリン ……………… 太田笙子
2　ぷにぷにグミ ………………… sayoko
3　キラキラゼリー ……………… tamaki
4　ひんやりアイスクリーム ……… 深川理恵
5　手作りジャム ………………… みつえ
6　フルーツサンド ……………… のはら
7　フレンチトースト ……………… root rin
8　まんまるホットケーキ ………… はる
9　バナナのパウンドケーキ ……… えりママ(加納絵莉子)
10　かぼちゃのスコーン …………… 富岡清美

Chapter3

11　はちみつ使いのマドレーヌ …………… ゆかり
12　ふんわりカップケーキ ……………… MEGさん
13　うさぎのカップケーキ ……………… michiyo
14　ガトー・オ・ショコラ ……………… 鈴木まどか
15　型抜きクッキー (P.66〜69) ……… はまち
　　　　　　　　　 (P.70〜73) ……… るん
16　しぼりだしクッキー …………………… けい

Chapter4

17　ストロベリーパフェ …………… まな
18　ビクトリアケーキ ……………… ハシヅメチヒロ
19　いちごのショートケーキ ……… mochi
20　ベイクドチーズケーキ ………… なかさん
21　レアチーズケーキ ……………… 小川美和
22　シュークリーム ………………… 山本涼子
23　ブッシュ・ド・ノエル ………… 奥牧双葉

Column

子供といっしょに作るときの関わり方
………………………………………… saya

基本ができたらアレンジしてみよう
………………………………………… 高田りぶれ

ホットケーキやシュー生地はなぜ膨らむ?
………………………………………… ゆずこ

子供に与えるおやつの工夫
………………………………………… 大田ちえこ

おかしをつくろう

2025年3月17日　第1刷発行

著者　　みらいパティシエ
発行所　株式会社オレンジページ
　　　　〒108-8357
　　　　東京都港区三田 1-4-28 三田国際ビル
　　　　ご意見ダイヤル　03-3456-6672
　　　　書店専用ダイヤル　048-812-8755
発行人　泉 勝彦
印刷所　TOPPANクロレ株式会社

©2025 The Orangepage Inc.
Printed in Japan
ISBN978-4-86593-730-5

●定価はカバーに表示してあります。
●本書の全部または一部を無断で使用・転載・複写・複製することは、
　著作権法上の例外を除き、禁じられています。
●落丁・乱丁が万が一ございましたら
　小社販売部（048-812-8755）にご連絡ください。
　送料小社負担でお取り替えいたします。